colecção Temas de Psicanálise • 9

BRETT KAHR

Exibicionismo

TRADUÇÃO DE
MIGUEL SERRAS PEREIRA

ALMEDINA

Exibicionismo

AUTOR
Brett Kahr

TÍTULO ORIGINAL
Exibitionism

TRADUÇÃO
Miguel Serras Pereira

COORDENAÇÃO DA COLECÇÃO
Ivan Ward

EDIÇÃO
Almedina
www.almedina.net
editora@almedina.net

DESIGN
FBA.
www.fba.pt

IMPRESSÃO E ACABAMENTO
G.C. – Gráfica de Coimbra, Lda.
producao@graficadecoimbra.pt

ISBN 978-972-40-3992-3
DEPÓSITO LEGAL: 309390/10
Abril de 2010

©2001, Brett Kahr
Publicado em Inglaterra por Icon Books, Lda.,
Grange Road, Duxford, Cambridge CB2 4QF.

Toda a reprodução desta obra, por fotocópia ou outro qualquer processo, sem prévia autorização escrita do Editor, é ilícita e passível de procedimento judicial contra o infractor..

Biblioteca Nacional de Portugal – Catalogação na Publicação

KAHR, Brett

Exibicionismo . – (Temas de psicanálise)
ISBN 978-972-40-3992-3

CDU 159.9

INTRODUÇÃO:
Um passeio de barco num dia de Verão

Há quase vinte anos, durante os meus anos de aprendizagem de jovem estudante universitário, fui "passear de barco" pelo rio Isis, em Oxford, por uma quente tarde de Junho, na companhia de alguns amigos. Devido ao tempo excepcionalmente agradável que fazia, havia literalmente dúzias de grupos embarcados, e em breve o rio pululava de estudantes que celebravam o facto de terem deixado para trás os seus exames finais. Quando a nossa embarcação virou numa dobra tortuosa do rio, conhecida localmente pelo nome de "O Prazer do Pároco", um homem de meia-idade, flácido, de cabelos brancos irrompeu de detrás de uma moita da margem próxima, e começou a despir-se, expondo os seus órgãos genitais ao nosso grupo de duas jovens e dois jovens. O exibicionista masturbou-se freneticamente enquanto o nosso barco se afastava. Os meus colegas, apanhados de surpresa, riram um tanto perplexos. Poucos segundos passados, o nosso barco entrava numa outra curva do rio e o nosso exibicionista, para nosso alívio, deixou de ser visível. Os meus colegas, um estudante de Matemáticas e dois de Literatura Inglesa, recorreram à minha área – de psicólogo em botão – e perguntaram-me o que poderia possuir assim uma pessoa, levando-a a assumir um comportamento tão estranho, à plena luz do dia, enquanto literalmente dúzias de barcos cheios de gente passavam por ali. Infelizmente, a minha instrução psicológica prepara-me mal para dissertar magistralmente acerca das origens do exibicionismo genital, e suponho que devo ter balbuciado qualquer vaga frase sobre a "infância infeliz" dos exibicionistas. Estava longe de pensar nesse tempo que a exposição obscena constitui a forma mais corrente de atentado sexual e que, dentro de poucos anos, eu próprio estaria a trabalhar com pacientes exibicionistas no meu consultório de psicoterapeuta, abordando casos de indivíduos em regime de liberdade condicional que me eram enviados por diferentes serviços e tribunais, e tentando ajudar aqueles a compreenderem um pouco melhor as complexas origens dos seus comportamentos ilegais e disruptivos.

O termo "exibicionista" deriva do verbo latino *exhibere*, que significa "expor". O exibicionista clínico, é precisamente isso o que faz, expondo os seus (dele ou dela) órgãos genitais aos membros de um público desprevenido, em contextos sociais inapropriados, e como meio perverso de obter uma gratificação sexual. Coloquialmente, são conhecidos [em inglês] por *flashers*. Na terminologia legal, podem ser designados por autores de "ofensas aos costumes". Na psicoterapia clínica, o termo mais usual refere-os como "exibicionistas". Seja qual for o rótulo escolhido, o exibicionismo clínico genital constitui uma preocupação muito difundida para a polícia, os membros das profissões ligadas ao direito, os profissionais de saúde mental e as numerosas pessoas que continuam a ser vitimizadas, muitas vezes com consequências que provocam grande ansiedade, pelos praticantes desta particular perversão sexual.

O exibicionismo pode ser representado como manifestação de enfermidade mental, como perversão sexual e como prática criminosa. Pelo meu lado, prefiro designar estas modalidades manifestas de exposição do pénis ou da vagina como "exibicionismo clínico" ou "exibicionismo genital". Mas o exibicionismo não é um reino que pertença exclusivamente ao exibicionista praticante. Todos e cada um de nós desenvolvemos uma multiplicidade de estratégias de nos exibirmos de outras maneiras que se podem considerar menos inquietantes. Por exemplo, como consideraremos a actriz espampanante que expõe o seu corpo vestido em cena, ou a amante desdenhada do deputado que vende a pormenorizada descrição da sua intimidade sexual aos tablóides, ou o interminável cortejo de autores de confissões que aparecem nos *chats* televisivos contando episódios que envolvem as suas mães alcoólicas e os seus pais travestis? Nem toda a gente precisa de abrir o fecho éclair das calças para poder ser considerada exibicionista; todos nós podemos revelar aspectos da nossa estrutura de carácter ou do nosso estilo de personalidade em termos exibicionistas. Uma pessoa pode exibir com ostentação o conteúdo da sua mente oferecendo em espectáculo, por exemplo, o seu saber, como muitos universitários fazem todos os dias.

Por isso, embora tendamos a pensar no exibicionismo como num quadro clínico, o termo pode ser usado também para descrever uma forma de relacionamento interpessoal, muitas vezes desajustado nas suas consequências. Lembro-me de uma minha aluna de há muitos anos que de facto possuía um conhecimento invulgarmente preciso de uma certa área da psicologia. Mas que, ao mesmo tempo, em vez de usar a sua reserva de conhecimentos duramente adquiridos para tentar esclarecer as discussões de grupo, fazia esforços frenéticos procurando dominar todas as conversas da sala de aula, num estilo verdadeiramente exibicionista, ostentando clamorosamente aspectos irrelevantes dos dados e irritando todos os seus colegas de estudos com essa atitude. O exibicionismo pode manifestar-se numa pessoa vestida da cabeça aos pés.

Comecei por distinguir entre "exibicionismo clínico", consistindo na exposição deliberada das partes íntimas do corpo em público, e aquilo a que acabei por chamar "exibicionismo psicológico" ou "exibicionismo psíquico", correspondendo este à revelação de aspectos da própria mente ou própria alma de modo exagerado ou inapropriado, levando muitas vezes à exclusão das necessidades dos outros. Seria horrível que cada um de nós mantivesse os seus talentos escondidos com medo de ser exibicionista, mas o exibicionista psicológico explora, muito narcisicamente, qualquer oportunidade a fim de tentar dominar as conversas e interacções sociais, não raro com consequências devastadoras. Por conseguinte, o exibicionismo pode constituir um crime, uma perversão clínica ou uma forma desajustada de interacção caracteriológica.

Nas páginas que se seguem, o meu propósito será fornecer uma breve perspectiva de conjunto da literatura tanto psiquiátrica como psicológica sobre o exibicionismo clínico. Apresentarei depois uma abordagem um pouco mais desenvolvida da literatura propriamente psicanalítica sobre o exibicionismo e a exposição obscena – desse corpo de literatura que tenta investigar a estrutura dinâmica subjacente e o encadeamento de motivações inconscientes pressupostos pelo exibicionismo genital. Concluirei então com algumas observações sobre o "exibicionismo psicológico" e a sua significação. Adicionalmente, abordarei o problema das defesas patológicas mobilizadas contra o exibicionismo, examinando o que fui levado a considerar como *"inibicionismo psicológico"*, ou seja, uma defesa desajustada por pessoas que a ideia de serem notadas apavora e que receiam a tal ponto os seus impulsos exibicionistas que acabam de facto por esconder os seus pensamentos e capacidades e que se sentem depois raivosamente ulceradas pelas possibilidade se oportunidades que elas próprias forcluíram das suas vidas.

A psicopatologia do exibicionismo

A história do exibicionismo

Ao longo do curso da história humana, houve homens e mulheres perturbados que se dedicaram a uma actividade exibicionista, como aconteceu, por exemplo, nos cultos fálicos da Antiga Roma, embora permaneça esparsa a documentação de casos comparáveis nos milénios anteriores. Encontramos um dos primeiros registos escritos de um acto de exibicionismo genital masculino na narrativa chinesa dos princípios do século XII *Chin P'ing Mei: A Aventurosa História de Hsi Men e das Suas Seis Esposas*, c. 111-1127. A narrativa conta a história de um jovem que desagradara a certa senhora, depois do que as servidoras da ofendida o atacaram servindo-se de uma colecção de cacetes de diferentes tamanhos. No desespero do esforço de se livrar delas, o homem despiu as calças e à vista dos seus órgãos genitais as servidoras dispersaram. No século XIV, no "Conto do Moleiro", um dos *Contos de Cantuária* (*The Canterbury Tales*), de Geoffrey Chaucer é-nos narrada a aventura do jovial fidalgo Nicholas the Gallant que, a certa altura da intriga, vemos assomar as nádegas despidas à janela.

No campo dos dados documentais que sobreviveram, o sexólogo do século XIX Iwan Bloch descobriu o registo de um caso de exposição obscena que teve lugar em 1550, quando a Comissão Contra a Blasfémia de Veneza acusou um italiano chamado Domenego por, durante a missa e em várias igrejas locais ter descoberto o seu pénis diante das damas da cidade. Segundo o documento, Domenego "albergava uma temeridade e um impudor tais que ousou exibir repetidamente o seu membro vergonhoso"[1]. Antonio Bragadin, Francesco Longo e Antonio Trevisan, os três comissários responsáveis pelo combate à blasfémia na Veneza renascentista, condenaram Domenego a seis meses de prisão, como castigo pela sua "maldade", e, depois desta pena, a um desterro de dez anos de Veneza e territórios vizinhos. Os comissários estipulavam ainda que, se Domenego se atrevesse a tentar escapar, deveria ser perseguido, sendo oferecida uma recompensa de 400 *piccoli* a quem o entregasse.

Mais de cem anos passados, em 1663, um aristocrata inglês, o *Honourable Sir* Charles Sedley (c. 1639-1701), autor dramático, poeta, ensaísta e tradutor, embriagou-se na *Cock Tavern* de Covent Garden's Bow Street, na presença dos seus companheiros *Lord* Buckhurst (o futuro Conde de Dorset), *Sir* Thomas Ogle e um certo *Mr.* Sackville. Os foliões decidiram depois exibir-se da janela da taberna, oferecendo-se em espectáculo aos transeuntes. *Sir* Charles, em particular, despiu-se completamente e "interpelou a gente que passava numa linguagem tão profana que despertou a indignação pública"[2]. Samuel Pepys, o célebre diarista de Londres, escrevia numa entrada datada de 1 de Julho de 1663 que Sedley começou por "ofender as Escrituras e por assim dizer a pregar um sermão de vendedor de feira do seu púlpito, dizendo que tinha para vender um pó que fazia com que todas as mulheres acudissem atrás dele". Segundo os documentos do processo (*Le Roy v. Sir Charles Sedley*), o fidalgo ébrio foi acusado de "várias infracções contra a Paz do Rei, causadoras de grande escândalo para os cristãos"[3]. O juiz presidente Foster, teve em conta a condição de "nobre de uma família (do condado de Kent) muito antiga" de Sedley e, portanto, na sua qualidade de filho de um distinto fidalgo, foi condenado somente a uma semana de cadeia com uma coima de 2000 *marks*. *Sir* Charles reincidiu no mesmo delito cinco anos mais tarde, em 1668, durante nova surtida com o seu companheiro *Lord* Buckhurst. Nessa ocasião, o rei Carlos II teve de interceder pelo infractor.

Perante estes dois notáveis casos de exibicionismo dos séculos XVI e XVII, não podemos deixar de notar a ausência de qualquer esclarecimento psicológico da causa ou dos factores precipitantes destes actos de exibicionismo tendo por teatro uma igreja italiana e uma taberna inglesa. Os nossos antepassados consideravam a exposição obscena uma forma de pecado ou de indecência, mais do que uma expressão de perturbação psicológica, ou do que uma tentativa visando comunicar sofrimento interno. Todavia, a nota injuriosa da exposição é manifesta, e é fora de dúvida que as senhoras confrontadas na igreja com Domenego e os transeuntes de Covent Garden confrontados com Sedley se sentiram ofendidos por estes episódios de exibicionismo.

Foram episódios passados do mesmo tipo que deram lugar ao aparecimento de novas medidas legislativas na Grã-Bretanha, durante o primeiro quartel do século XIX. Em 1822, no reinado de Jorge IV, os membros do Parlamento britânico procederam a uma revisão das leis sobre a vadiagem (*Vagrancy Act*). Foi definida uma categoria designada por "Vadios e Vagabundos", que incluía figuras tão variadas como ledores de sina, mendigos, jogadores ambulantes, indigentes, homens que abandonavam as suas famílias, bem como "Todas as pessoas expondo manifestamente em qualquer rua, estrada, Praça Pública ou outra via alguma exibição de indecência" – o que passaria a ser uma infracção legalmente punível, depois de ser incluída na Secção IV do *Vagrancy Act* de 1824. É interessante notar que esta disposição inaugural integra três termos relacionados de perto – "expondo", "indecência" e "exibição" – numa só e a mesma frase, assim contribuindo talvez para a posterior confusão nosográfica e para o nosso uso corrente para descrever a exibição do corpo de uma multiplicidade de termos, que vão de "exibicionismo" a "exposição obscena", e assim por diante.

Os parlamentares da Câmara dos Comuns puseram a nova lei à prova a 10 de Fevereiro de 1824, quando o *Home Secretary* (ministro do Interior), *Mr.* Robert Peel, lhes comunicou o caso de um jornaleiro chamado William Lotcho, acusado de "violar a decência do lugar", expondo-se "de modo grandemente descoberto nos parques, aí ofendendo o pudor das mulheres virtuosas"[4]. O *Vagrancy Act* de 1824 foi objecto de nova revisão por uma comissão especial. No dia 21 de Maio de 1824, os nossos antepassados definiam o crime de exibicionismo referindo-o a "qualquer pessoa que deliberada, manifesta, injuriosa e obscenamente exponha a sua pessoa (em qualquer rua ou via pública ou à vista da mesma ou em qualquer praça ou lugar público) no intento de ofender qualquer mulher"- e continua esta a ser a base da nossa actual interdição legal relativa à exposição dos órgãos genitais. Esta revisão da lei introduzia uma distinção importante entre a exibição acidental e a exibição intencional. Por outras palavras, um marido que exponha o seu pénis à esposa enquanto fazem amor não poderá ser acusado de "exposição obscena"; mas o delinquente de rua e, do mesmo modo, também o velho universitário de Oxford, a que me referi acima, poderão ser incriminados, dada a sua intenção injuriosa ou chocante.

A Secção 42 do *Criminal Justice Act*, em 1925, determinou que a exposição obscena não teria de ter lugar num lugar público para ser considerada ofensiva em termos legais. A injúria feita a uma mulher por meio da exibição sexual masculina tanto pode ter lugar no espaço público como portas adentro, tanto em público como em privado, como no caso de referência que foi o processo *Ford v. Falcone* de 1971, e cujo resultado foi a condenação de um homem que expôs o pénis a uma cobradora que lhe batera à porta para uma cobrança monetária.

As obras de Ernest Charles Lasègue e de Richard von Krafft-Ebing

Embora os juristas do passado se esforçassem sobretudo por definir e punir casos de exibicionismo, os nossos antecessores no campo da saúde mental dispunham de muito poucos recursos sobre a questão da natureza e tratamento da exibição obscena. A primeira contribuição psiquiátrica séria para o estudo do exibicionismo ficou a dever-se ao influente psiquiatra oitocentista parisiense *Professeur* Ernest Charles Lasègue (1816-1883), cujo artigo, que viria a ser um clássico, "Les Exhibitionnistes" foi publicado, em 1877, no jornal médico *L'Union Médicale*[5]. Ex-professor no *Lycée Louis-le-Grand* de Paris, tendo contado com o poeta Charles Baudelaire entre os seus alunos, Lasègue empreendeu mais tarde estudos de medicina e trabalhou como médico assistente para a Prefeitura da Polícia de Paris, o que lhe permitiu acumular uma vastíssima experiência em clínica forense[6]. No seu principal ensaio sobre o tema, Lasègue definia o exibicionismo como um impulso súbito conducente a exposição dos órgãos genitais num lugar público. Segundo Lasègue, os exibicionistas experimentam com frequência o impulso de se exporem, acompanhado pela excitação sexual. Os perpetradores destes actos poderão ser pessoas até então reconhecidamente de boa índole, que nunca fizeram nada que chamasse a atenção. Lasègue observava que na maior parte dos casos, os exibicionistas não faziam qualquer tentativa de dar mais tarde continuidade à relação com a vítima, e que a maioria dos culpados muito pouco podiam dizer sobre as origens desses seus comportamentos de ostensão. Talvez mais significativamente, Ernest Charles Lasègue reconhecia que o exibicionista existe num estado mental situado algures "entre a razão e a loucura", dando-se assim conta da realidade clínica segundo a qual os exibicionistas não podem seguramente ser descritos como sãos de espírito, mas também o não podem ser como francamente psicóticos, sofrendo de alucinações, ideias delirantes ou outros sintomas de grave doença mental.

Com efeito, as observações clínicas inaugurais de Lasègue sobre o exibicionismo continuam a ser aplicáveis aos casos contemporâneos. Os que actualmente trabalham na mesma área clínica introduziriam uma pequena correcção, fazendo notar que embora a vasta maioria dos exibicionistas sejam homens, há um pequeno número de mulheres que tendem a expor também as suas partes íntimas. Além disso, embora os actuais investigadores em psicologia tendam a abster-se de termos carregados de juízos de valor como "boa índole", sabemos que a maior parte dos exibicionistas tiveram histórias precoces difíceis e sofreram muitas vezes de problemas psiquiátricos patentes na sua infância.

Acrescentemos uma nota de interesse histórico: Ernest Charles Lasègue distinguiu-se não só como um dos primeiros médicos a estudar o exibicionismo clínico, mas também por ter disputado ao médico britânico *Sir* William Withey Gull a prioridade da descoberta da anorexia nervosa como entidade clínica[7]. Trata-se de uma circunstância que confirma o juízo que nos leva a considerá-lo um pioneiro em matéria de classificação e descrição psicopatológicas.

Perto de uma década depois da publicação da contribuição histórica de Lasègue, o Professor Richard von Krafft-Ebing, eminente e aristocrático psiquiatra e sexólogo austríaco, prolongou e desenvolveu a obra inaugural de Lasègue. Na sua obra magna de 1886, a *Psychopathia Sexualis*, Krafft-Ebing descrevia o exibicionismo como uma ofensa à moral e uma violação da Secção 16ª da Lei Penal austríaca. Krafft-Ebing forneceu-nos descrições minuciosas do comportamento exibicionista, como as do Caso 203, relativo a um homem chamado "L". Este indivíduo de 37 anos costumava bater com o pénis despido do lado exterior da vidraça de certa cozinha, de maneira a que todas as raparigas de serviço e crianças que estivessem na cozinha o observassem. A despeito destes retratos sugestivos de exibicionismo clínico, Krafft-Ebing possuía uma compreensão escassa das motivações subjacentes dos seus pacientes, e considerava com desdém "estúpido" o seu comportamento. Suspeitava que o exibicionismo era o resultado da idiotia, da demência transitória, de uma consciência toldada ou parcial ou de um estado de debilidade mental adquirida. Dava-se também conta de uma associação entre o exibicionismo e outras condições clínicas como o alcoolismo, a demência parética, a demência senil, bem como o frotteurismo e o travestismo.

Durante o século XX, um número crescente de psiquiatras, psicopatologistas e psicanalistas começaram a estudar a exposição obscena com muito maior atenção. Hoje, passados cem anos, os estudantes de psicologia dispõem de facto de uma impressionante quantidade de dados acerca das origens do exibicionismo, para já não falarmos de numerosas concepções acerca das modalidades possíveis de tratamento do exibicionismo clínico. Passarei agora brevemente em revista alguns dos contributos literários mais relevantes acerca da compreensão psicopatológica contemporânea do exibicionismo.

Considerações diagnósticas

Antes do mais, os agentes clínicos e os investigadores contemporâneos na área da saúde mental esforçaram-se na busca de um acordo sobre a designação da condição que nos ocupa. Como já indiquei, os médicos, psicólogos e sexólogos referiram o exibicionismo por meio de toda uma variedade de nomes diferentes ao longo dos séculos: exibicionismo, exposição obscena, actos de carácter exibicionista, exposição da pessoa, exposição contrária ao pudor, atentado público ao pudor e exposição genital masculina. Outros termos usados pelos profissionais de saúde mental para descrever o fenómeno referem-se a comportamento grosseiro ou lascivo[8]. No entanto, o termo diagnóstico formal usado na clínica psiquiátrica é "exposição obscena" ("*indecent exposure*"). Na literatura psicoterapêutica, em contrapartida, é mais frequente encontrarmos a expressão "exibicionismo". Outros investigadores referiram-se ao exibicionismo incluindo-o entre as "perturbações nupciais", incluindo estas o exibicionismo e o voyeurismo, bem como a violação, a prática de chamadas telefónicas obscenas e o frotteurismo – outras tantas variedades de formas anómalas de relacionamento sexual que violam os códigos tradicionais de aproximação sexual[9].

Segundo o DSM-IV[10], considerado justificadamente a codificação mais prestigiada da doença mental à escala do mundo, o "Exibicionismo" (categoria diagnóstica 302.4) pode ser classificado como uma das numerosas diferentes variedades de "Patologias da Identidade Sexual e de Género". O DSM-IV distribui todas as patologias de identidade sexual e de género em três rubricas distintas, as *Disfunções Sexuais*, as *Parafilias* (por outras palavras, essa categoria de comportamentos anteriormente conhecidos como "desvios sexuais") e as *Patologias de Identidade de Género*. Em resumo, as disfunções sexuais incluem qualquer tipo de funcionamento perturbado dos órgãos genitais, tanto de origem física como psicológica. As disfunções sexuais poderão assim incluir: a patologia hipoactiva do desejo sexual, a patologia da erecção masculina (impotência erectiva) ou a ejaculação precoce nos homens, e o vaginismo nas mulheres. Em contraste com as disfunções sexuais, as parafilias incluem qualquer aberração quer do acto sexual, quer do objecto sexual. Os desvios sexuais parafílicos típicos do acto sexual (por outras palavras, o intercurso sexual consentido) podem incluir tanto o exibicionismo, como o frotteurismo, o masoquismo sexual, o sadismo ou o voyeurismo sexuais – entre outras variedades. Os desvios típicos do objecto sexual (por outras palavras, um parceiro humano adulto vivo) podem incluir o fetichismo, a pedofilia ou uma categoria de patologias designadas como "Parafilias Não-Especificadas", que inclui a bestialidade, a necrofilia e a zoofilia. As patologias da identidade de género incluem o travestismo e o transsexualismo, e outras tentativas sérias por parte da pessoa de se vestir como ou converter em membro do género oposto. Portanto, de um ponto de vista psiquiátrico e diagnóstico, o exibicionismo será habitualmente classificado como uma parafilia – especificamente, como um desvio sexual do acto.

O actual critério de diagnóstico de exibicionismo, tal como o delineia o DSM-IV, requer que o paciente tenha experimentado recorrentes e intensos comportamentos ou fantasias sexualmente excitantes. Os comportamentos ou fantasias devem ter-se mantido por um período de pelo menos seis meses, antes de darem lugar a um diagnóstico psiquiátrico. Além disso, os comportamentos ou fantasias ou impulsos terão de causar sofrimento ou incapacidade clinicamente significativos em relação com o funcionamento social ou ocupacional do indivíduo, ou noutras áreas da sua existência.

A psicopatologia descritiva do exibicionismo

Exploremos agora alguns factos e observações clínicas de base no que se refere à prática do exibicionista. Antes do mais, devemos lembrar que a exposição obscena ou o exibicionismo genital masculino constitui aproximadamente uma terça parte do total dos delitos sexuais cometidos – quer dizer, é assim a agressão sexual mais correntemente praticada, mais comum do que o sequestro, a sodomia, ultraje grave sobre um menor, incesto, proxenetismo, violação, entre outros crimes, por exemplo. Nessa medida, a exposição obscena representa de facto um problema muito vasto. A grande maioria dos seus autores serão homens, mas há também um pequeno número de mulheres que se exibem. A maior parte dos homens que exibem o seu pénis em público fá-lo-ão diante de mulheres – sobretudo mulheres jovens ou raparigas pubescentes – que nunca viram antes. Os incriminados, na sua maioria de uma idade que vai dos 25 aos 35 anos, exibirão o seu

---

* Usam-se em português coloquial, ou no calão, os termos "índio" e "palhaço" para designar o exibicionista (N. d. T.).

pénis de uma de duas maneiras. Os membros de um do subgrupo dos "índios"* (*flashers*), conhecido como Tipo I, abrirão as calças, revelando um pénis flácido. Estes exibicionistas experimentam com frequência um certo sentimento de remorso; mas os membros do outro subgrupo, conhecido como Tipo II, mostrarão um pénis erecto, masturbando-se muitas vezes a fim de manterem a erecção. Alguns casos mais severos, entre estes exibicionistas, experimentarão prazer sexual manifesto e escasso sentimento de culpa. Segundo Graham Rooth[11], destacado investigador psiquiátrico no campo do exibicionismo, os homens que se inscrevem na categoria do Tipo II terão maior probabilidade de cometer também outros crimes. Alguns exibicionistas falam às suas vítimas, e um pequeno número tenta chegar a um contacto físico com elas. Mas a grande maioria nem fala nem toca as suas vítimas – antes, exibem as suas partes íntimas, antecipando de um modo geral uma expressão de choque da sua vítima infantil ou feminina[12].

Embora a maior parte dos autores dos actos em causa sejam homens jovens na casa dos vinte ou dos trinta anos, sabemos que aproximadamente metade dos exibicionistas indicam que o seu interesse expresso e consciente pela prática da exposição genital começa antes dos dezoito anos[13]. Mas a maior parte dos casos detectados não o são antes da casa dos vinte, o que então acontece provavelmente devido à sua confiança acrescida e à sua compulsão interna no que se refere à prática desta forma particular de perversão sexual.

Os homens que praticam a exposição obscena fazem-no a qualquer hora do dia ou da noite, e em toda a espécie de lugares; contudo, apesar das impulsões internas que compelem os indivíduos à exibição, o seu comportamento transgressivo será determinado, pelo menos em parte, por circunstâncias e vicissitudes de ordem externa. Por exemplo, num estudo sobre exibicionistas realizado em Denver, Colorado, e datando do começo da década de 1970, cerca de 71 por cento dos autores dos abusos exibiam-se fora de casa, e só 29 por cento dentro de casa. Dos que se exibem fora, quase três quartas partes faziam-no nas ruas – e muito menos em becos, parques de estacionamento ou pátios de recreio escolares. É indubitável que o estado do tempo intervinha em certa medida, e não será surpreendente que Abril e Maio fossem meses muito mais propícios à exposição do que Dezembro ou Janeiro. A título adicional, diga-se que eram menos os homens a exibir-se aos domingos do que durante a semana, e que os picos de incidência exibicionista se situavam entre as 3 h e as 4 h e 59 da tarde. Os exibicionistas também têm de dormir![14] Um estudo australiano sugeria que a distância óptima entre o exibicionista agindo no exterior e a sua vítima era de cerca de 12 pés [ca. 3,65 m][15]. Os exibicionistas de interior podem, por de trás de uma cortina, expor o pénis aos transeuntes que passam na rua, ou fazê-lo de dentro de um automóvel estacionado[16].

Os casos de exposição obscena não se verificam apenas nas cidades anglo-saxónicas, mas por todo o mundo. No seu quadro geral sobre o exibicionismo nos EUA e na Guatemala, o Professor John Roads e o médico Enrique Borjes[17] obtêm taxas de exibicionismo globalmente comparáveis no que se refere aos dois países[18].

A maior parte dos exibicionistas não são objecto de condenações a penas efectivas. Dos cerca de 1000 homens que são anualmente levados a tribunal, em Inglaterra e Gales, por práticas de exposição obscena, cerca de 80 por cento parecem não reincidir, e somente cerca de 1 por cento são remetidos para tratamento psiquiátrico ao abrigo do *Mental Health Act**. A maior parte dos incriminados são condenados a uma multa ou recebem uma pena suspensa. Infelizmente, a maior parte dos casos de exposição obscena não chegam a ser

---

* Conjunto de medidas de legislação sobre a saúde mental (N.d.T.).

registados; por isso, não podemos ter uma percepção exacta do número de casos ou episódios que se anualmente têm lugar. Mas os dados fornecidos pelas vítimas sugerem que o problema poderá ser muito mais vasto do que anteriormente se pensava. Os investigadores americanos Daniel Cox e Betsy McMahon[19] supõem que mais de 80 por cento da população feminina universitária não participa à polícia os abusos exibicionistas que sofre.

Do ponto de vista da personalidade, os exibicionistas tendem a ser tímidos, com fracas competências sociais e frequentemente bastante obsessivos. Alguns mantêm-se solteiros, e os que se casam revelam, no entanto, geralmente, uma adaptação conjugal pouco conseguida[20]. Não é de admirar que o exibicionista típico, como Lasègue referia há mais de cem anos[21], dispunha de pouca ou nenhuma noção acerca do seu comportamento abusivo[22].

Variações obscuras

Sob a sua forma tradicional, o exibicionismo clínico implica o desabotoar ou baixar das calças e peça de roupa interior num local público, geralmente com o propósito de chocar a vítima visada. Mas existem outras variantes de exibicionismo. Diversos profissionais têm descrito essa forma rara de exibicionismo seguida por uma ejaculação efectiva sobre a pessoa ou objecto, conhecida pelo nome de "saliromania". O saliromaníaco exporá os seus órgãos genitais em público, e depois masturbar-se-á até ao orgasmo, por vezes sobre uma vítima animada, mas por vezes sobre uma representação inanimada de uma mulher, como uma estátua ou até um quadro. O psiquiatra americano Frank Caprio, e o seu colega jurista Donald Brenner[23] descreveram o caso de um homem que abriu as calças numa biblioteca pública, expôs o pénis e ejaculou para as costas de uma mulher que se inclinara sobre uma prateleira. Na sequência deste abuso saliromaníaco, a mulher sentiu-se muito abalada e desenvolveu uma neurose de angústia e uma posterior aversão às relações sexuais.

O psicanalista americano Professor Wayne Myers identificou uma outra variante, a que chamou "foto-

-exibicionismo": um homem traz consigo uma fotografia do seu membro erecto e mostra essa fotografia a outras pessoas. No caso descrito por Myers[24], o paciente foto-exibicionista em causa usava uma fotografia do seu pénis como meio de seduzir outros homens num ritual homossexual de exploração e conquista. O paciente de Myers costumava referir-se à fotografia chamando-lhe "o meu cartão *American Express* ... Nunca saio de casa sem ele"[25]. Outras variantes incluem o "exibicionismo fecal" – prática de um assaltante que defeca na casa que – ele ou ela – invadiu, exibindo assim o conteúdo dos seus intestinos como um dom sádico[26]. O Professor Christopher Cordess[27], psiquiatra forense e psicanalista britânico, escreveu sobre uma outra forma de exibicionismo que é levado a cabo por meio de chamadas telefónicas, em que um indivíduo do sexo masculino exibe os conteúdos frequentemente destrutivos da sua mente diante de uma mulher desprevenida que atende o telefonema. Cordess referiu-se a esta forma de comportamento como "exibicionismo verbal", historicamente conhecido pelo nome de "escatologia telefónica".

Quer de teor tradicional ou com manifestações mais insólitas, o exibicionismo nem sempre configura uma forma específica de comportamento causador de mal-estar e inadaptação. Pode aparecer também associado a outras formas de psicopatologia, como o frotteurismo

– a fricção dos órgãos genitais sobre o corpo de uma pessoa desprevenida – ou a fantasias sexuais sádicas. Os investigadores americanos Abel e Osborn[28] descobriram uma forte convergência entre o exibicionismo e outras perversões, como o frotteurismo, a pedofilia, a violação, o travestismo e o voyeurismo. Em cerca de 93 por cento dos casos, os exibicionistas exibiam mais do que uma forma de parafilia, sugerindo um mundo interno muito complexo e torturado que tende a manifestar-se de modo polissintomático.

Clifford Allen, um destacado especialista britânico de psicologia médica de meados do século XX, procedeu à uma minuciosa história do caso de um homem de 25 anos que expunha os seus órgãos genitais a senhoras. Além dos seus actos de exibicionismo clínico, este jovem também se masturbava até à ejaculação no metropolitano de Londres, e entregava-se igualmente ao frotteurismo. Acresce que vivera uma história de jogos sexuais incestuosos com a irmã e que participara em práticas de masturbação recíproca com outros rapazes durante os seus anos de escola. De modo talvez ainda mais preocupante, o paciente albergava certas fantasias extremamente sádicas, em que imaginava "esventrar dois cavalos atrelados a uma charrua e degolar um negro esventrando-o também"[29].

As vítimas de actos exibicionistas

Como já notámos, os exibicionistas tomam por alvo um grande número de vítimas (tanto mulheres como crianças de ambos os sexos), e a investigação recente sugere que subestimámos em larga medida a incidência desta forma de comportamento ultrajante. Segundo um estudo realizado com 100 enfermeiras britânicas que trabalhavam no quadro de um hospital psiquiátrico, 44 por cento das mulheres tinham feito a experiência de se confrontarem com um exibicionista do sexo masculino, algumas delas por mais de uma vez; 51 por cento destes episódios de atentado exibicionista tinham tido lugar antes de as mulheres em causa terem completado os quinze anos[30]. Uma observação comparável realizada sobre alunas universitárias americanas matriculadas num curso de introdução à psicologia revelou que cerca de 32 por cento das alunas fora alvo de um episódio exibicionista, e 37 por cento dessa fracção por mais do que uma vez, com maior frequência entre as idades de 10 e 16 anos. Uma substancial fracção de 57 por cento das inquiridas desta amostra conheciam outras vítimas de actos exibicionistas, enquanto 63 por cento das inquiridas conheciam mais do que uma vítima[31]. No entanto, mais de 80 por cento não participara o sucedido às autoridades competentes. Sobre uma amostra de 142 exibicionistas, Abel e Rouleau[32] calcularam que os homens em causa tinham cometido 72974 atentados isolados, o que sugere que o exibicionista *médio* soma o total bastante surpreendente de mais de 513 vítimas dos atentados empreendidos ao longo da sua carreira!

Habitualmente, as vítimas serão jovens adultas, mas os exibicionistas podem tomar igualmente por alvo crianças. Na investigação pioneira de Arieff e Rotman[33], 80 por cento das vítimas eram mulheres adultas e 20 por cento crianças, enquanto na amostra estudada por Mohr, Turner e Jerry[34], aproximadamente 59,75 por cento dos exibicionistas tomavam por alvo pessoas adultas, e os restantes exibiam-se exclusivamente perante crianças ou a um conjunto compósito de pessoas adultas *e* crianças.

Qual o impacto do exibicionismo sobre as suas vítimas? Segundo o estudo americano atrás citado, só 14 por cento das mulheres descreviam a sua experiência como "gravemente" ou "muito gravemente" dolorosa, o que poderá indicar alguma coisa sobre o saber de uma amostra de alunas de psicologia que se sentiam à partida atraídas pelos comportamentos chamados anormais. Elif Gürisik[35], que exerceu durante muito tempo funções de consultoria psiquiátrica no serviço de Psicoterapia da Portman Clinic em Londres, observou uma grande variedade nas reacções das vítimas, que iam do esquecimento, fascínio ou riso ansioso, a reacções mais extremas como o medo, o choque, a repulsa e o horror. Gürisik observava também que certas vítimas reagem ao autor do atentado em termos mais activos, ridicularizando ou agredindo verbalmente o exibicionista. Mas certas mulheres sentem-se profundamente afectadas pela experiência. Muitas vítimas da actividade exibicionista acusam uma extrema perturbação, podendo sentir-se atingidas ou traumatizadas. Algumas mulheres verão o seu sofrimento aumentar ainda em resultado da ansiedade suportada pelos interrogatórios verbais levados a cabo pelos polícias ou juristas, bem como da que decorre do facto de terem de testemunhar em tribunal[36].

Uma perspectiva psiquiátrica forense

A grande maioria dos exibicionistas não ferem fisicamente as suas vítimas, mas não devemos em caso algum subestimar o montante de sadismo necessário para atacar um perfeito desconhecido com um pénis intrusivo e potencialmente perigoso. Portanto, devemos ter presente que a exposição obscena ora se limitar à prática que define, ora poder ser com frequência o prelúdio de formas psicopatológicas mais extremas de comportamento e passagem ao acto. O destacado deputado de Gales *Mr* Leo Abse[37] começou a sua carreira como advogado que se distinguiu na defesa de casos levados a tribunal por exibicionismo. *Mr* Abse disse-me que de início não atribuía grande importância aos comportamentos dos incriminados, não considerando os exibicionistas ameaças sérias à vida social, tendo mudado de opinião mais tarde, quando soube que um dos réus que defendera fora acusado num outro processo, algum tempo depois, por tentativa de homicídio. Este episódio levou *Mr* Abse a avaliar melhor a extrema gravidade do crime de exposição obscena.

O médico Philip Sugarman e os seus colegas da Reaside Clinic de Birmingham estudaram uma amostra de autores de atentados ao pudor encaminhados para o Serviço de Psiquiatria Forense de West Midlands entre 1967 e 1984 (inclusive). Os investigadores seguiram através das instâncias do registo criminal as carreiras de delinquência dos membros do grupo até 1992. Sugarman e os seus colegas observaram que, no seu grupo de 210 casos examinados em profundidade, cerca de 32 por cento tinham uma condenação por atentados sexuais mais sérios, como tentativas de sodomia, tentativas de violação, sodomia e violação[38]. Cerca de 63 por cento destes atentados sexuais sérios ocorriam *depois* do episódio de exposição obscena, o que sugeria que muitos dos infractores tendiam a tornar-se mais abertamente perigosos com o passar do tempo. Cerca de 75 por cento tinham cometido outros delitos para além da exposição obscena, somando mais de 2000 condenações distintas, que incluíam fogo posto, tentativa de homicídio, perturbação da ordem pública, infracções criminais danosas, assalto de grande e média gravidade, atentados à propriedade e roubo. Pertinentemente, Sugarman e os seus colegas faziam notar que os exibicionistas que se limitavam à exposição obscena simples tendiam menos a reincidir através da comissão de delitos mais graves, enquanto os exibicionistas que tocavam as suas vítimas, falavam com elas, as perseguiam ou se masturbavam enquanto expunham os órgãos genitais tinham mais probabilidades de vir a cometer posteriormente crimes mais graves. Este elemento informativo pode ser da grande relevância para os psiquiatras e para os tribunais em termos da avaliação dos riscos de reincidência de toda uma variedade de casos.

O caso do tristemente célebre homicida e autor de crimes em série de canibalismo e necrofilia Jeffrey Dahmer sublinha o sadismo potencial implícito no acto de exposição obscena: basta, com efeito, sabermos que, muito antes de assassinar os jovens do sexo masculino que foram suas vítimas, Dahmer começou a sua carreira criminal pela prática de actos de exibicionismo genital. A 7 de Agosto de 1982, Dahmer cometeu um acto de perturbação da ordem pública numa feira do Estado de Wisconsin, ao urinar em público e exibindo o pénis perante um grupo de vinte e cinco mulheres e crianças. À medida que os anos foram passando, verificou-se no seu comportamento uma escalada inquietante. Segundo Brian Masters[39], autor da principal biografia de Jeffrey Dahmer de que dispomos, "o exibicionismo era, pelo menos no seu caso, uma maneira infrutífera e árida de estar com outras pessoas mantendo uma distância segura". Felizmente, a maior parte dos exibicionistas não chegam a orientar-se para extremos homicidas comparáveis.

Especulações etiológicas

São numerosas as possibilidades teóricas aventadas por psicopatologistas e psiquiatras perante a questão das origens do comportamento exibicionista. Muitos investigadores supuseram que o exibicionista sofre de uma anomalia fisiológica, anatómica ou neurológica que o predispõe a exibir em público as suas partes íntimas. Em 1962, o investigador de psicologia médica Clifford Allen postulava que os exibicionistas sofrem de uma dilatação da próstata[40]. Mais recentemente, os investigadores médicos Pierre Flor-Henry e Reuben Lang[41] afirmaram que são detectáveis certas anomalias nos electroencefalogramas dos exibicionistas[42]. Embora pareçam existir certas diferenças no padrão cerebral entre um grupo de exibicionistas e um grupo de controle formado por não-desviantes, o alcance etiológico desse facto permanece obscuro[43].

O psiquiatra forense Professor Robert Bluglass[44] estudou as experiências infantis de homens que se tinham vindo a tornar em épocas posteriores particularmente perigosos entre os autores de atentados ao pudor, ou seja, aqueles que tendiam a atentar contra as suas vítimas procurando contacto físico com elas. Quando é examinada aquilo a que os psiquiatras chamam a sua história "pré-mórbida" – ou, por outras palavras, o período anterior ao desenvolvimento de uma sintomatologia manifesta, a maior parte dos exibicionistas parecem ter tido problemas psiquiátricos declarados na infância, sendo numerosos os casos dos indivíduos que entre eles tinham passado por tribunais de menores. Habitualmente, os futuros exibicionistas tinham uma história de instabilidade em matéria de emprego, do mesmo modo que relações sexuais insatisfatórias com parceiros adultos, e muitas vezes haviam sofrido já anteriormente condenações em juízo por transgressões de ordem sexual.

Antes de concluirmos estas anotações extremamente fragmentárias de ordem etiológica em termos psiquiátricos e não psicanalíticos, devemos observar também que embora o comportamento exibicionista se verifique de um modo geral entre homens ainda jovens, o mesmo se verifica em certos casos entre adultos muito mais velhos. Embora os profissionais de saúde mental possam manifestar desacordo em muitas matérias, podemos de um modo geral dizer que, quando um homem de meia-idade ou um idoso até então cumpridor da lei incorre na prática de actos exibicionistas, é necessário submetê-lo a um exame neurológico, uma vez que esse quadro de exposição obscena tardia poderá ser com frequência uma manifestação característica de uma afecção cerebral arteriopática ou neoplástica[45]. Até mesmo psicanalistas eminentes tiveram os seus momentos de exibicionismo genital. Em Novembro de 1980, aos 67 anos de idade, o psicanalista Heinz Kohut, gravemente afectado por uma pneumonia, exibia o seu pénis às enfermeiras do Billings Hospital da Universidade de Chicago. A enfermeira Eileen O'Shea evocou a maneira como todas as manhãs o distinto teorizador da patologia da personalidade narcísica soerguia-se na cama "completamente nu, exibindo-se assim"[46].

Tratamentos farmacológicos e comportamentais

Como podemos ver, os profissionais da psiquiatria acumularam dados epidemiológicos e observacionais extremamente abundantes sobre o exibicionismo genital masculino. Mas pergunta-se agora se haverá alguma coisa a fazer e o quê em vista da cura. Ao longo de todo o século XX, os médicos e os tribunais prescreveram um número considerável de tratamentos diferentes para os casos de atentado ao pudor por exposição obscena: medidas que iam das multas pecuniárias ao trabalho compulsivo e ao encarceramento. Nos Estados Unidos da América, as penas aplicadas aos casos que nos ocupam variaram muito de Estado para Estado. A meados do século XX, no Estado do Michigan, por exemplo, os exibicionistas eram obrigados ao cumprimento de uma pena que podia variar entre um dia de prisão e a prisão perpétua[47].

Além das sentenças prisionais, os médicos recomendaram diversas práticas cirúrgicas, entre as quais a prostatectomia, ou remoção cirúrgica da próstata[48]. As tentativas mais correntes de tratamento biológico incluem uma intervenção farmacológica de base, como a administração de antiandrógenos ou de hormonas femininas, o uso de drogas psicotrópicas mais tradicionais como a imipramina[49] e medicações anti-libidinais como o acetato de ciproterona[50]. Entre os outros agentes farmacológicos usados pelos clínicos ao longo dos anos incluíram o benperidol, a clomipramina, a fluoxetina e a medroxyprogesterona, do mesmo modo que retransmissores como a serotonina, e neurolépticos como a tioridazina[51]. No entanto, um certo número destas drogas tende a produzir efeitos colaterais, como o entorpecimento, a ginecomastia (ou dilatação dos peitos nos pacientes do sexo masculino) e sintomas de tipo Parkinson[52].

Para além da farmacoterapia clássica, os psiquiatras de orientação biológica e os psicólogos de orientação comportamentalista tentaram um certo número de programas com outros tipos de tratamento. Entre esses programas incluíam-se a hipnoterapia, a aprendizagem de competências e a terapia cognitivo-comportamental, bem como formas mais controversas de terapia do comportamento, sobretudo o auto-controle, a sensibilização e a extremamente penosa terapia de aversão por meio de descargas eléctricas[53], que implica a aplicação de choques em diversas partes do corpo do paciente. Outros terapeutas utilizaram o ácido valérico nos exibicionistas, como meio de indução de náuseas[54]. Por fim, alguns psicólogos clínicos e psiquiatras recorreram também à experimentação dos chamados programas causadores de vergonha, que forçam a nudez do paciente.

Em 1977, o médico Ivor Jones e a sua colega Dorothy Frei, de Melbourne, na Austrália, publicaram a história de um programa de tratamento bastante invulgar, descrevendo a reabilitação de quinze casos graves de exibicionismo reincidente[55]. Baseando-se no trabalho anteriormente conduzido por Jones sobre um dos seus pacientes[56], os investigadores tentaram inverter o padrão comportamental de exposição dos órgãos genitais impondo a cada um dos pacientes exibicionistas que se despisse por completo na presença de um público de cinco a doze profissionais de ambos os sexos, que estava a cerca de um metro e meio do exibicionista. Depois de tirar toda a roupa na presença das numerosas testemunhas reunidas, pedia-se ao exibicionista que falasse minuciosamente do seu comportamento de exposição obscena, descrevendo também a impressão que lhe tinham provocado as suas vítimas ou vítima. Segundo Jones e Frei, o paciente "transpira em geral tão abundantemente, que o suor escorre das axilas e desce até às pernas seja qual for a temperatura ambiente"[57]. Depois de quatro sessões da mesma natureza, realizadas à razão de uma por semana, o paciente era filmado por uma câmara de vídeo, e a seguir forçado a ver-se enquanto se despira e falava dos seus crimes, esperando-se que este processo causasse uma mobilização de ansiedade de molde a inibir os seus comportamentos anteriores.

Encorajado pelos resultados positivos e pela redução da reincidência referidos pela equipa australiana, Ian Wickramasekera[58] da Escola de Medicina da Universidade de Illinois, em Chicago, desenvolveu o trabalho levado a cabo na Austrália, e passou a ocupar um lugar de vanguarda na elaboração de técnicas causadoras de "vergonha", que se reclamam de resultados impressionantes. Mas a que custo em termos de dignidade humana? Wickramasekera reforçou os aspectos causadores de vergonha com os seus pacientes exibicionistas, forçando-os não só a despirem-se na presença de cinco profissionais de saúde mental do sexo feminino e de dois do sexo masculino, mas também a masturbarem-se quando recebessem o estímulo ou sinal correspondente. Segundo Wickramasekera: "Quando eu disser *um*, você abre as calças; quando eu disser *dois*, você agarra bem o seu pénis (é utilizado o termo com que o paciente designa o pénis – por exemplo, pila); quando eu disser *três*, você começa a masturbar-se (bater uma punheta, etc.)"[59]. Elucidativamente, Wickramasekera seguiu vinte e três pacientes que completaram o seu programa de terapia pela vergonha e, ao que parece, segundo toda a informação de que o investigador dispõe, só um dos pacientes reincidiu, durante um período de acompanhamento que variou entre um ano e oito meses e sete anos e três meses. Devemos usar da maior cautela na avaliação destes controversos meios de tratamento causadores de vergonha, e, a despeito dos resultados positivos proclamados por estes profissionais de orientação comportamentalista, não devemos esquecer que não temos qualquer prova de que a remissão dos comportamentos de exposição obscena decorra directamente do chamado tratamento que lhes foi aplicado. Os próprios Jones e Frei[60], no seu trabalho fundador, tiveram de admitir que a experiência da detenção e da ameaça de encarceramento, bem como o efeito ligado à transformação da vida de casado do paciente, poderão funcionar também como factores de prevenção da reincidência.

A psicanálise do exibicionismo

Embora os psicólogos comportamentalistas e os psiquiatras de orientação biológica tenham levado a cabo um enorme número de investigações sugestivas acerca da psicopatologia do exibicionismo, muito poucos de entre eles compreenderam satisfatoriamente o mundo interior do exibicionista. Embora os psiquiatras de formação tradicional possam dizer-nos a que horas do dia será mais provável que um exibicionista se exponha, esses nossos colegas muito pouco têm a dizer-nos acerca das motivações inconscientes mais profundas do paciente. Como sempre, a perspectiva da psicanálise ajuda-nos aqui a apreciar com uma sensibilidade mais fina o que reside no íntimo do exibicionista.

É fácil rirmo-nos do exibicionista genital masculino e rotulá-lo negativamente como "perverso" ou "apanhado" – ou ainda como uma ameaça para a sociedade. Poderá ser-nos difícil conseguir empatia com o exibicionista ou chegarmos a compreender o que o leva a adoptar uma forma de comportamento ilegal que ele experimenta como extremamente compulsiva. São numerosas as descrições psiquiátricas do exibicionista que no-lo apresentam como um paciente sociopata e cruel, mas, embora este retrato possa corresponder em certa medida à verdade, é uma simplificação que não dá conta da enorme carga de sofrimento íntimo que o exibicionista sexual masculino sofre sem tréguas.

O psiquiatra americano Frank Caprio e o jurista Donald Brenner publicaram a seguinte carta de um exibicionista de etnia índia, exprimindo bem uma necessidade desesperada de auxílio:

> *Sou uma criatura desgraçada que vem implorar o vosso auxílio. Na minha vida de todos os dias, sou um homem normal que faz o seu trabalho (de empregado bancário) em termos irrepreensíveis. Durante dois ou três meses tudo corre bem, mas depois sou subitamente atacado por uma espécie de ansiedade que me obriga durante horas a fio a vaguear pelas ruas. Sei que se trata de qualquer coisa que está longe de ser um bom sinal. Uma vez ao sentir que o acesso se aproximava, refugiei-me num hospital psiquiátrico, pensando poder assim fugir ao inevitável. Desgraçadamente, por volta das nove da noite, o impulso foi mais forte do que eu. Mantinha-me perfeitamente lúcido, mas o homem que saltou o gradeamento e saiu para a rua não era eu. Fui impelido por uma força invisível à qual não podia resistir. Caminhei até perder o fôlego na direcção dos subúrbios. Aí, numa rua deserta, vi à distância uma rapariga que se apro-*

ximava. Escondi-me, e sei pelo relatório da polícia o que se passou a seguir. Quando estávamos já muito perto, abri as calças, peguei nas partes genitais, e comecei a masturbar--me. Lembro-me vagamente dos olhos arregalados dela e o seu ar assustado excitou-me de tal maneira que tive uma ejaculação imediata. No mesmo instante voltei a mim, e tentei fugir, mas caí nas mãos da polícia[61].

O pobre continuava a sua história:

Pergunto-vos se sou um louco, se terei de ser fechado num asilo para dementes, uma vez que não consigo ser responsável pelas minhas acções. Peço-vos também que expliquem aos juízes que não sou um ser perverso, como eles dizem, mas uma desgraçada criatura que sofre e que foi cruelmente castigada pela natureza[62].

Não podemos deixar de nos sentir impressionados pela dolorosa tragédia deste cidadão sob todos os outros aspectos respeitável, que é forçado por impulsos que manifestamente não compreende a passagens ao acto sado-masoquistas, que o lesam ao mesmo tempo que à sua vítima feminina. A vergonha e o ódio por si próprios experimentados por numerosos exibicionistas genitais masculinos podem tornar-se tão intensos que temos notícia de pelo menos o caso de um paciente que se impôs uma castração cirúrgica para evitar incorrer em novos episódios de exposição obscena[63].

Os profissionais de orientação psicanalítica (psicoterapeutas e psicanalistas) talvez tenham uma maior capacidade de ver o exibicionista, não como um criminoso malévolo, mas antes como uma pessoa atormentada e dilacerada pela ansiedade. O que em parte sucede porque, numa data tão distante já como 1900, Sigmund Freud, o fundador da psicanálise, começava a tentar ajudar-nos a compreender que qualquer ser humano possui fortes impulsos exibicionistas. Embora a maior parte de nós não exponha as suas partes íntimas em lugares públicos, acabamos por descobrir outros meios de nos exibirmos e sermos reconhecidos, e acresce que cada um de nós começa a sua vida como um bebé nu, cujos órgãos genitais rudimentares se expõem aos olhares de todos.

Na sua obra maior, *A Interpretação dos Sonhos*, Freud[64] concedeu um lugar importante à ocorrência muito generalizada de sonhos exibicionistas em cujo conteúdo aparecem a nudez e a exposição genital, sendo este conjunto de sonhos um tanto surpreendentemente incluído por Freud na primeira categoria da sua classificação dos sonhos, ou seja a dos "sonhos típicos". Com uma clareza peculiar, Freud acentuava que: "Podemos observar como o despir-se, em vez de lhes causar vergonha, tem um efeito quase de embriaguez sobre muitas crianças até mesmo em fases já tardias. Riem e saltam nuas e dão-se palmadas, embora a mãe, ou outra pessoa que assiste à cena, as admoeste e diga: 'Eh! Isso é muito feio! Não tornes nunca mais a fazer isso!' As crianças manifestam muitas vezes um desejo de se exibirem. Raramente passamos por uma aldeia desta parte do mundo sem vermos uma criança de dois ou três anos que levanta a camisa diante de nós – talvez em nossa honra"[65]. Para Freud, a exibição assume pois um papel importante no desenvolvimento da criança comum.

Cinco anos mais tarde, na sua monografia inaugural *Três Ensaios sobre a Teoria da Sexualidade*,[66] Freud elaborou as suas concepções fundamentais sobre o exibicionismo, observando que embora a tendência para exibir partes do corpo seja bem marcada nas crianças muito pequenas, à medida que avançamos no processo de maturação, socialização e aculturação, passamos a submeter-nos em maior medida às vicissitudes da repressão – sem dúvida devido aos perigos acrescidos que um pénis adulto pode acarretar – e controlamos os nossos impulsos infantis, que Freud considerava como fazendo parte das "componentes da pulsão". Freud, contudo, observava também que, em certos indivíduos, como os que poderão ser descritos como sexualmente perversos, a tendência infantil no sentido da exibição persiste, e o indivíduo acaba por tornar-se um exibicionista genital clínico. Freud concebia a prática exibicionista como um desvio quanto ao alvo sexual. Por outras palavras, nos casos mais frequentes as pulsões sexuais terão por alvo o intercurso genital, mas no caso do exibicionista o alvo passará a ser a exposição, mais do que a cópula. Freud considerava que os indivíduos sexualmente perversos, entre os quais se incluem os exibicionistas, procuram satisfazer abertamente os seus desejos libidinais, ao passo que os indivíduos neuróticos, sob o efeito de uma maior repressão, se limitam a fantasiar os desejos perversos, coibindo-se das formas mais completas da passagem ao acto. Esta realidade clínica levou Freud a cunhar a sua célebre fórmula: *"a neurose é, por assim dizer, o negativo da perversão"* [*"die Neurose ist sozusagen das Negativ der Perversion"*][67].

Freud parece ter tido pouca experiência clínica em matéria de tratamento de pacientes exibicionistas, mas é seguro que os conhecia. Já em 1895, por exemplo, no seu "Rascunho H" sobre a "Paranóia", escrito para o seu colega médico Wilhelm Fliess, Freud descrevia o caso de uma mulher jovem que, ao arrumar o quarto de um estranho, se dera subitamente conta de que o homem pusera o pénis de fora e lho colocara na mão[68]. O mal-estar causado por esta experiência de aproximação exibicionista, envolvendo contacto corporal, foi um dos factores que mais tarde viria a contribuir para o estado persecutório paranóide a que a mulher sucumbiria. Embora Freud nos tenha proporcionado muito poucas anotações clínicas acerca do exibicionismo no conjunto dos seus escritos posteriores, evocou em nossa intenção um caso de exibicionismo feminino, facto tido por extremamente raro, referido por um autor francês do Renascimento, François Rabelais, que Freud muito admirava: trata-se da descrição de uma mulher que exibe a vulva aos olhos do Diabo, fazendo com que este se ponha em fuga[69]. Deu-se também ao trabalho de consagrar uma breve nota de rodapé ao primeiro entre todos os ensaios psicanalíticos sobre o tema, ou seja ao artigo de Wilhelm Stekel "Zur Psychologie des Exhibitionismus"[70], publicado pela *Zentralblatt für Psychoanalyse*[71].

A maior contribuição de Freud para o estudo do comportamento exibicionista foi sem dúvida a sua insistência no facto de cada um de nós começar a sua vida sob a forma de uma criança exibicionista, caracterizando-se o perverso falhar na tarefa – que, no entanto, a maior parte de nós acaba por ser capaz de levar a cabo – de conter os impulsos de exibição indevida. Mas ao insistir em que qualquer homem ou mulher adultos incorreram, no passado, nestas ou naquelas formas de exposição genital infantil, disso extraindo prazer, Freud ajudou-nos a compreender a humanidade da condição do exibicionista e, assim, segundo creio, a abordarmos o seu caso clínico com maior compaixão e empatia.

Além de Freud e Stekel, muitos de entre os primeiros psicanalistas procederam a investigações clínicas esclarecedoras sobre o problema do exibicionismo. Karl Abraham[72], o fundador do movimento psicanalítico na Alemanha, desenvolveu a observação de Freud segundo a qual os impulsos exibicionistas, embora "gozando de liberdade de expressão na primeira infância, são posteriormente submetidos a um processo considerável de recalcamento e sublimação". Abraham referiu também a ubiquidade do exibicionismo do pénis entre rapazes de uma idade entre os 3 e os 4 anos, extraindo prazer do facto de urinarem diante da mãe, alardeando a competência com que o fazem e reclamando a admiração correspondente[73]. O próprio Freud nos deu a conhecer muito ingenuamente a sua própria experiência pessoal de ter urinado diante dos seus pais quando tinha 7 ou 8 anos de idade – o que lhe valeu o contundente comentário do seu pai: "Este rapaz não vai ser nada de bom"[74].

Sandor Ferenczi, que na Hungria desempenhou um papel psicanalítico inaugural, comparável ao de Abraham na Alemanha, escreveu igualmente sobre o exibicionismo nalgumas das suas contribuições precursoras e pioneiras para a literatura psicanalítica. Ferenczi descobriu que o impulso da exibição de um pénis poderoso, como insígnia de sedução, é objecto de um recalcamento tão profundo que pode acabar por transformar-se no seu oposto, ou seja, no medo de olhar o próprio corpo, convertido em defesa contra a exposição. Ferenczi publicou um artigo muito breve sobre a "espectrofobia"[75], ou medo dos espelhos, definindo-a, em termos criadores, como uma fuga perante o potencial prazer do exibicionismo. Num escrito posterior sobre a nudez[76], Ferenczi descreveu o caso de uma mulher histérica que sonhara que se despia diante do filho e depois esfregava o seu corpo com uma esponja. Formulou assim a teoria de que, nas circunstâncias evocadas, a nudez e o exibicionismo podem ser utilizados como meios de instilar o medo. Ferenczi apresentou ainda o caso de um rapazinho que tinha problemas de sono. Para afastar os medos da criança, a sua mãe tinha de despir toda a roupa que lhe cobria o corpo na presença do rapazinho. O trabalho de Ferenczi ajudou-nos a ter em conta que os actos de desnudamento exibicionista, tanto nos sonhos como na vida desperta, podem ser perpetrados tanto por mulheres como por homens, e podem servir a função de induzir terror.

Muitos outros de entre os primeiros psicanalistas foram também autores de artigos sobre o problema do exibicionismo, e foi esse o caso de nomes célebres na história da psicanálise, como Edmund Bergler, Felix Boehm, Dorothy Burlingham, Edith Buxbaum, Ludwig Eidelberg, Ernest Jones, Ernst Kris, Lawrence Kubie, May Romm, Isisdor Sadger, Leon Saul, Walter Shindler e Melitta Sperling. Jenö Hárnik[77], uma figura bastante esquecida hoje, escreveu um dos primeiros artigos psicanalíticos sobre o exibicionismo. Baseando-se em parte em certas observações clínicas do berlinense Hans Sachs, outro dos primeiros psicanalistas, Hárnik sustentava que, nos homens, o exibicionismo desempenha uma importante função, constituindo nomeadamente uma defesa frente à angústia de castração. Dada a vulnerabilidade efectiva dos órgãos genitais, sobretudo durante os primeiros anos entretanto esquecidos da infância do rapazinho, o adulto sentir-se-ia temporariamente reconfortado contra a angústia através do acto de se exibir, que reforçaria nele a ideia de continuar na posse de um pénis intacto. Hárnik ajudou-nos também a compreender por que razão os casos de exibicionismo genital são tão pouco comuns nas mulheres. A sua sugestão era de que, experimentando as mulheres um sentimento de vergonha pelo facto de não terem pénis, de acordo com a teoria já formulada por Freud, não desejariam expor os seus órgãos genitais, pois fazê-lo equivaleria à exposição de uma ausência causadora de vergonha. Além disso, Hárnik argumentava que, embora a grande maioria das mulheres não exiba os seus órgãos genitais, as mulheres tendem a exibir a totalidade do seu corpo, cuidando do seu aspecto físico e enfeitando-se, ou seja procedendo assim a uma espécie de exibição permanente. Também Sandor Lorand, na sua pouco citada contribuição para "A Psicologia do Nudismo"[78], reconheceu a importância do exibicionismo como defesa frente à angústia de castração. Psicanalista de nacionalidade húngara emigrado para Nova Iorque, Lorand fez ainda notar que o exibicionismo reforça a crença do indivíduo na potência e segurança do seu pénis; ao expô-lo aos olhos de testemunhas apanhadas de surpresa, o autor da exposição obscena desencadeia na vítima uma reacção que reitera que o pénis continua a existir e se mantém realmente detentor de um grande poder. Do mesmo modo, Lorand sustentava que o exibicionismo protege o homem do medo que este tem da *vagina dentata* (uma vagina armada de dentes), tal como esta pode aparecer na fantasia do paciente, ao mesmo tempo que a exposição genital lhe permite, apesar de tudo, aproximar-se sexualmente das mulheres.

Os psicanalistas extraíram da clínica e da experiência da cura uma grande massa de dados que foram utilizados para confirmar a hipótese segundo a qual a angústia de castração seria uma das pedras angulares do desenvolvimento do exibicionismo. Um outro psicanalista, Ismond Rosen, que se ocupou do tratamento de exibicionistas em psicoterapias de grupo na Portman Clinic de Londres, descreveu o caso de um paciente, a que chama "Peter", que sofria de "fantasias constantemente recorrentes de ter sido mutilado dos seus órgãos genitais pelos dentes de tubarões, quando nadava numa piscina, tomava banho em casa ou estava deitado na cama"[79]. Anna Freud referiu-se ao estado de sofrimento de um rapazinho que começara a exibir o seu pénis às raparigas suas vizinhas depois de ter sofrido nada menos do que três intervenções cirúrgicas distintas sobre três dos seus apêndices: um dedo, um dedo do pé e o prepúcio do pénis[80].

É interessante fazer notar que podemos descobrir uma ilustração literária do modo como o exibicionismo representa uma defesa perante a angústia de castração nesse clássico da ficção romanesca do século XVIII que é *A Vida e Opiniões de Tristram Shandy, Gentleman* de Laurence Sterne[81]. Num dado momento, o protagonista sente uma vontade tão desesperada de urinar que o faz através de uma janela aberta, que cai depois sobre o seu membro exposto. Começa a circular o rumor segundo o qual Tristram Shandy teria ficado castrado e, para contrariar essa convicção, Toby, tio de Tristram, sugere a este último que exiba o seu pénis na praça do mercado a fim de provar que continua na posse dos seus órgãos genitais.

Um psicanalista pouco conhecido, Hans Christoffel, publicou dois ensaios sobre o trabalho psicanalítico com pacientes exibicionistas, observando que muitos deles vivem ostensivamente como heterossexuais, mas que é frequente casarem com mulheres mais velhas[82]. Alguns dos homens em causa sofreriam de colpofobia (medo da vagina), e daí que prefiram a *exposição* genital à *penetração* genital. Para Otto Fenichel, o grande enciclopedista da literatura psicanalítica, o exibicionismo desempenha várias funções importantes[83]. De acordo com Freud, Fenichel considerava a exposição obscena como um sobre-investimento de uma pulsão parcial ou de uma componente da pulsão, representando uma regressão no sentido de uma forma de sexualidade mais infantil. Do mesmo modo confirmou as observações de Hárnik sobre a angústia de castração, sugerindo que a prática do exibicionismo exprime dúvidas íntimas sobre a durabilidade do pénis do indivíduo. Por outro lado, o acto exibicionista certificará que os outros sentem medo, o que significa que o exibicionista poderá passar a ser o agressor, em vez da vítima, que teme ainda mais. Por fim, Fenichel aventava a possibilidade de o exibicionismo poder funcionar como uma defesa contra poderosas pulsões voyeurísticas, ideia a que Freud também já aludira.

Donald Winnicott, o pediatra e psicanalista britânico, confirmou os escritos anteriores de Freud acerca da ubiquidade e da normalidade da exibição fálica nos rapazinhos. Referiu-se, com efeito, ao correspondente período do desenvolvimento edipiano chamando-lhe "a fase da presunção e da fanfarronada"[85]. Entre as outras importantes contribuições de origem britânica, contam-se as de Mervin Glasser[86], que foi director da Portman Clinic, e que escreveu sobre as deficiências da estrutura do supereu nos exibicionistas, e as de Christopher Lucas[87], médico e psicanalista que se ocupou também do tratamento de exibicionistas na Portman Clinic. No importante ensaio de Lucas sobre o exibicionismo, o autor corroborou também a hipótese da angústia de castração como factor explicativo, e fez notar que o exibicionismo pode ser ainda uma fonte de alívio para o estado de agitação mental interna do paciente. Através do medo suscitado na sua vítima feminina, o exibicionista logra projectar a sua própria desgraça numa outra pessoa. Lucas descreveu o acto da exposição genital como "ao mesmo tempo bem e mal sucedido"[88], na medida em que a ostentação do pénis é causa de alívio e estimulação, mas causa também dano à vítima, e em última análise ao exibicionista, bem como à sua família.

Teorias contemporâneas do insucesso no desenvolvimento

Ao longo das três últimas décadas e já anteriormente, o psicanalista americano Professor Charles Socarides elaborou a teoria do exibicionismo mais rica e completa em termos de desenvolvimento de que dispomos, baseando-se na sua vasta experiência clínica com pacientes perversos. Socarides estabeleceu teoricamente que a perversão exibicionista funciona em larga medida como um meio de conseguir um sentido mais profundo da masculinidade num indivíduo do sexo masculino que se debate com o seu próprio sentimento de identidade sexual[89]. Ao contrário de muitos psiquiatras que sublinham na maior parte dos exibicionistas o funcionamento das relações heterossexuais, Socarides deu-se conta do predomínio dos desejos e tendências homossexuais nos seus pacientes exibicionistas. O Professor Socarides sugeriu que, quando rapazinhos, os exibicionistas foram mal sucedidos no trajecto da fase de separação-individuação do desenvolvimento, na época em que o rapaz tem de se separar da mãe junto da qual gozou de uma intimidade profunda. Dado o seu insucesso no percurso da fase de separação-individuação, o rapaz pré-exibicionista identificar-se-á mais com a mãe do que com o pai, o que lhe causará ao longo da vida um sentimento de profunda inadequação masculina. O acto exibicionista funcionará então como meio de obter um reconhecimento da masculinidade e como um meio de reduzir aquilo a que Socarides chamou a identificação feminina primária do exibicionista[90].

Segundo Socarides, o exibicionista teve de suportar uma relação extremamente difícil com a mãe, que, segundo toda a verosimilhança, terá privado o seu filho de boa parte dos primeiros cuidados que deveria ter recebido na infância. A partir das histórias de vida dos seus pacientes, Socarides reuniu narrativas terríveis de negligência e abandono, tendo muitas vezes tido por desfecho a depressão numa fase posterior. Segundo Socarides, a prática da exposição obscena não serve apenas para esconjurar os impulsos femininos e tentar obter uma injecção de masculinidade, mas funciona também visando estancar os afectos depressivos, sobretudo o sentimento de desamparo do exibicionista.

Em termos de experiências infantis precoces, os exibicionistas parecem ter não só experimentado a privação no que se refere aos cuidados associados à relação entre a mãe e o bebé, como, durante os primeiros anos, poderão ter sido levadas muitas vezes a participar em cenas reais de exposição corporal na esfera familiar. Sandor Lorand apresentou o caso de uma rapariga de 16 anos que se despia completamente quando participava em reuniões juvenis de troca de carícias (*petting parties*). Uma vez, encorajou um rapaz de 20 anos a despir-se também por completo, e a seguir excitou-o induzindo a ejaculação. A mãe da rapariga foi consultar Lorand preocupada com o comportamento da filha e em breve descobriu que durante os tempos de criança pequena da jovem, a sua mãe andava nua em casa, do mesmo modo que os seus filhos. Podemos, por conseguinte, supor que as experiências precoces de nudez e exposição corporal poderão contribuir para afectar de uma impressão de familiariedade posteriores actos de exposição pública do corpo. De modo semelhante, Frank Caprio[91] descreveu os primeiros anos de vida de um exibicionista do sexo masculino cuja mãe tinha por hábito andar nua pela casa de banho, no intuito ostensivo de secar o cabelo, enquanto o filho tomava o seu duche![92] O paciente de Caprio, então com 19 anos e que começara a praticar a exposição genital desde os 14 anos de idade, recordava vários episódios: "Às vezes quando eu estava na banheira a tomar banho, a minha mãe entrava com uma toalha por cima do corpo. Uma ou duas vezes, enquanto eu tomava duche, entrava na casa de banho para urinar. Eu podia ouvi-la a fazer aquilo. O meu pai fazia a mesma coisa. Consigo ainda ver a minha mãe a limpar-se com um bocado de papel higiénico. Quando eu estava a fazer a barba, a minha mãe entrava para urinar ou defecar"[93]. Descobrimos episódios semelhantes comportando experiências precoces com uma ampla frequência nas famílias de muitos exibicionistas. O psicanalista americano Robert Stoller, que escreveu abundantemente acerca das perversões, publicou o caso de uma mulher, a que chamou "Olympia" e que apareceu nas páginas centrais destacáveis da revista pornográfica ilustrada *Raunch*. "Olympia", em criança, frequentava habitualmente as casas de banho masculinas com o pai, vendo os homens urinar. A mãe de Olympia, pelo seu lado, também se mostrava nua, andando assim por toda a casa[94].

Christopher Lucas fez notar, muito elucidativamente, que vários exibicionistas com os quais trabalhou clinicamente eram também gagos ou tinham dificuldades verbais, o que o levou a conjecturar que talvez esses homens tivessem sido criados em ambientes caracterizados por uma comunicação verbal limitada, desenvolvendo por isso a tendência no sentido de utilizarem a *acção*, mais do que a *verbalização*, como meio de expressão dos seus conflitos internos[95]. Pelo meu lado, trabalhei com vários pacientes afectados de deficiência mental grave que tinham também exibido em público os seus órgãos genitais, e o certo é que os actos de exibição ocorriam com mais facilidade a favor de ocasiões em que os pacientes tentavam com esforço encontrar palavras[96].

Os terapeutas de orientação psicanalítica fizeram também um certo número de observações perspicazes sobre os detonadores imediatos do episódio exibicionista, associando habitualmente o acto a um trauma, abandono ou humilhação recente[97]. Clifford Allen descreveu o caso de um homem que exibiu o seu pénis depois de ver recusado um pedido de casamento que fizera[98]. Christopher Lucas referiu o caso de um outro homem que praticou a exposição genital na sequência imediata da ruptura com a sua mulher[99]. E Wayne e Myers fizeram notar que o seu paciente foto-exibicionista mostrou uma fotografia do seu pénis erecto a outros pacientes que estavam com ele na sala de espera, pouco depois de Myers lhe ter anunciado uma interrupção temporária do tratamento por motivo de férias[100].

Para resumirmos as contribuições psicanalíticas para o estudo do exibicionismo enquanto forma de perversão sexual, podemos enumerar as seguintes observações:

1. O exibicionismo é utilizado como modo de comunicação de um sofrimento interno, habitualmente ligado a traumas da infância recuada.

2. O exibicionismo funciona como uma defesa perante a angústia de castração, e como um meio de reafirmação da potência masculina.

3. O exibicionismo protege o paciente do intercurso com as mulheres, uma vez que aquele pode ser concebido como perigoso ou castrador.

4. O exibicionismo é uma defesa que visa proteger o paciente da homossexualidade.

5. O exibicionismo permite ao paciente exprimir sadismo em relação às mulheres, e sobretudo o ódio em relação à mãe.

6. O exibicionismo funciona como uma demonstração narcísica.

7. O exibicionismo exprime as tendências masoquistas do paciente, e a necessidade que o leva ao risco de cair nas mãos da polícia e outras autoridades, o que gratificaria o seu desejo de ser punido.

8. O exibicionismo é usado pelo paciente como um meio de restaurar a sua auto-estima ferida.

9. O exibicionismo permite ao paciente transformar os seus afectos agressivos em afectos sexuais.

Exibicionismo clínico nas mulheres

Antes de concluirmos a nossa panorâmica da investigação psicanalítica sobre o exibicionismo, teremos de nos demorar mais um momento no exame do problema do exibicionismo feminino. Durante muitos anos, os psicanalistas consideraram que não havia exibicionismo nas mulheres. O próprio Ismond Rosen, estudioso de uma erudição imensa da literatura de todo o mundo sobre o tema, afirmava muito categoricamente que "a perversão do exibicionismo genital não se verifica nas mulheres"[101]. No entanto, já em 1945, Otto Fenichel analisava a história de uma mulher que cortara um pedaço do pano do vestido, de modo a poder, ao mesmo tempo, exibir os seus órgãos genitais e facilitar o *cunnilingus*.[102] Algumas décadas mais tarde, um psicanalista que se fixara no Canadá, George Zavitzianos, publicou um estudo sobre uma psicopata de 20 anos, a que chamou "Lilian", que se instalara no automóvel do pai, nua, exibindo-se aos transeuntes[103].

A eminente psicoterapeuta e psiquiatra forense Estela Welldon transformou de alto abaixo as ideias psicanalíticas anteriores acerca da aparente ausência de perversões exibicionistas e certas outras formas de perversão sexual na mulher[104]. Na sua obra de referência *Mother, Madonna, Whore: The Idealization and Denigration of Motherhood*, que é o primeiro estudo psicanalítico com as dimensões de um livro completo sobre as perversões sexuais femininas, Welldon descreveu, entre outros casos, o de *Miss* E, uma mulher de trinta e quatro anos que começara a expor os seus órgãos genitais, em particular perante figuras de autoridade, a partir da idade de 17 anos. Para se expor, *Miss* E usava um casaco especial, e extraía grande prazer do choque que causava nas vítimas, entre as quais se incluíam as suas médicas, que ela perseguia até às suas residências pessoais. Ao longo dos anos, o exibicionismo de *Miss* E teve por resultado fazer com que fosse expulsa de estabelecimentos de ensino, despedida de empregos, afastada de centros de formação e até mesmo de grupos terapêuticos e de unidades de saúde mental. Infelizmente, *Miss* E não era capaz de controlar minimamente os seus impulsos e aconteceu-lhe, em certa ocasião, ser esbofeteada por uma das suas vítimas.

Welldon observou que durante os seus anos de desenvolvimento, a mãe de *Miss* E a masturbava, bem como aos seus irmãos, servindo-se desse expediente para sossegar os filhos. A mãe de *Miss* E confirmou efectivamente, numa comunicação fornecida mais tarde, o seu recurso a esse tipo de prática de "educação infantil". Segundo as palavras da mãe, "era mais fácil assim do que com a chupeta"[105]. A mãe era obrigada a suportar as pancadas com que a agredia um marido bêbado e a masturbação rítmica dos filhos proporcionava-lhe uma certa gratificação.

Devido a esta experiência precoce, *Miss* E passou a usar cada vez mais a sexualização como um mecanismo de defesa preponderante nas suas interacções, transformando as negociações complexas com as figuras de autoridade em encontros sexuais incluindo o exibicionismo. Welldon definiu também o despir-se de *Miss* E como uma forma maníaca de passagem ao acto. Além disso, *Miss* E identificara-se com o agressor, a sua mãe, assediando os outros com o seu comportamento sexual inapropriado, exactamente como a sua mãe fizera. Welldon observou com perspicácia que, ao escolher mulheres dotadas de poder como vítimas, *Miss* E esperava secretamente que as suas médicas e outras mulheres de prestígio comparáveis acabassem na realidade por poder contê-la, tornando-se melhores figuras maternas do que o fora a sua mãe. Como Welldon sugeria: "A sua esperança de obter uma resposta chocada por parte das suas vítimas visava um desfecho feliz com as mulheres detentoras de autoridade – mães simbólicas – reagindo diferentemente da sua mãe e não a usando e explorando como um objecto parcial"[106].

O trabalho de Estela Welldon confirmou em termos definitivos que o exibicionismo, embora talvez mais difundido entre pacientes do sexo masculino, não deve em caso algum ser considerado um domínio exclusivamente masculino, e que nas mulheres também se apresentam perversões sexuais, incluindo as perversões exibicionistas. Além disso, as investigações clínicas de Welldon demonstram a ampla incidência do abuso e maus tratos nos antecedentes de muitos dos indivíduos perversos que surgem como casos de tribunal.

Tratamento psicoterapêutico

Em termos de tratamento e de reabilitação, as sucessivas gerações de psicoterapeutas e psicanalistas fizeram grandes progressos visando proporcionar novas oportunidades de acesso a um tratamento psicologicamente orientado por parte dos pacientes exibicionistas. Rejeitando decididamente os programas causadores de vergonha, a hipnose, a terapia farmacológica e o encarceramento como primeiras linhas de defesa, os psicoterapeutas de orientação psicanalítica têm recorrido à sua tradicional "terapia através da palavra" com resultados frequentemente bons. Tentámos por vezes fazê-lo zelosamente, como aconteceu quando a discípula de Freud Princesa Marie Bonaparte, uma das fundadoras da psicanálise em França, se viu perante um exibicionista que se expusera em sua intenção no Bois de Boulogne. Segundo contam os membros da sua família, a Princesa manteve-se imperturbável e estendeu o seu cartão profissional ao exibicionista, propondo-lhe uma entrevista psicanalítica gratuita. Como podemos imaginar sem dificuldade, o "índio" pôs-se em fuga o mais depressa que pôde[107].

Embora o tratamento psicanalítico prolongado possa funcionar eficazmente com o exibicionista, sabemos que teremos de enfrentar os fortes mecanismos de defesa da clivagem e da denegação a que o paciente recorre como meios de evitar o desconforto e a ansiedade[108]. Estas defesas encontram-se com frequência profundamente implantadas, como podemos comprovar no caso descrito pelo psicólogo americano David Shapiro, que escreveu: "um homem de meia-idade com uma longa história de exposições instantâneas perante raparigas novas admite, e na realidade sublinha, que é uma pessoa 'fraca', uma pessoa com dificuldades de auto-controle. Diz (em sua defesa) que só comete essas acções quando bebe. No entanto, não exprime o mais pequeno desejo ou propósito de deixar de beber"[109]. Outros exibicionistas negam a transgressão operada sustentando que estavam simplesmente a urinar, por exemplo[110].

Felizmente, se for possível manter a relação terapêutica, então tanto o terapeuta como o cliente terão a oportunidade de avançar percorrendo três momentos gerais: 1. denegação da gravidade do acto; 2. reconhecimento da psicopatologia do acto exibicionista, e 3. perlaboração da sintomatologia e da organização do carácter mais ampla[111]. Embora não disponhamos do espaço necessário à discussão das questões do tratamento no presente contexto, os terapeutas de orientação psicanalítica têm referido alguns resultados bastante impressionantes no capítulo da reabilitação do exibicionista[112]. A descrição tocante e convincente que Elif Gürisik fornece de um exibicionista a que chama "Peter"[113] – um homem de 34 anos que se exibia masturbando-se duas ou três vezes por dia – proporciona-nos uma boa indicação acerca das possibilidades de tratamento. A despeito da sua masturbação compulsiva, do seu exibicionismo e da sua depressão – traços bem compreensíveis nos termos da história do paciente, na qual desempenhava o seu papel uma mãe promíscua que tinha relações sexuais com numerosos homens na presença de "Peter" –, a verdade é que "Peter" acabou por conseguir uma excelente recuperação por meio de uma psicoterapia de grupo de orientação psicanalítica, levada a cabo à razão de uma sessão por semana no quadro de uma clínica. Ao fim de cinco anos, "Peter" pôs de parte os seus comportamentos de exposição, embora o seu tratamento se tenha prolongado até um total de sete anos a fim de tornar possível uma maior consolidação dos progressos havidos. A sua impulsividade de carácter deu lugar a uma atitude reflectida, e "Peter" tornou-se uma pessoa mais madura, consentindo-se cada vez menos relações de tipo sado-masoquista com amantes e membros da sua família. Mais tarde, tornou-se um fervoroso praticante de ski e um bailarino de danças de salão de alto nível, conquistando várias medalhas em concursos de dança. Como Gürisik observou, o ski e o salão de baile funcionaram como sublimações saudáveis e não-violentas da necessidade que o seu paciente sentia de se expor em público.

Conclusões

Não teremos necessidade de olhar para muito longe de nós se quisermos encontrar as marcas do exibicionismo na vida quotidiana. Virtualmente, não há museu ou galeria de arte que não inclua no seu recheio quadros e esculturas de nus; do mesmo modo, praticamente todas as nossas populações contam com as suas praias de naturistas ou nudistas e as formas de exposição genital correspondentes, enquanto todos os clubes de saúde anunciam uma profusão de saunas e banhos turcos, cujas instalações transbordam de corpos nus. Os nossos ícones culturais praticam com muita frequência várias versões de exibicionismo, que vão das indumentárias provocantes de uma actriz e modelo como Elizabeth Hurley, cujo célebre vestido preso com alfinetes de ama pouca margem deixava à nossa imaginação, ao modo como o lendário actor de Hollywood Errol Flynn divertia os seus amigos durante as festas que o reunia com eles, exibindo aos seus olhos uma erecção consumada[114]. *The Full Monty*, um verdadeiro festival cinematográfico de exibicionismo genital masculino, tornou-se um dos mais aclamados filmes da história do cinema britânico, dando origem a um imenso sucesso de *music-hall* da Broadway. E durante os verões de 2000 e 2001, o público britânico saboreou o extraordinariamente popular programa de televisão *Big Brother*, que mostrava onze estranhos numa exibição filmada vinte e quatro horas por dia, num estúdio especial do Leste de Londres, oferecendo-se aos olhos de um público caracterizadamente voyeurístico, com um nível de audiências e uma cobertura mediática sem precedentes. Cerca de dez milhões de pessoas ficaram coladas aos seus lugares diante do aparelho de televisão assistindo ao último episódio da primeira série da versão britânica do *Big Brother* em 2000 – o que não deixa de sugerir uma intensa relação de cumplicidade entre os que se exibiam e os que os olhavam.

O exibicionismo constitui também uma parte muito substancial da subcultura adolescente, que se manifesta em práticas como o despir a roupa ou o baixar as calças (para exibir as nádegas à janela de um automóvel, por exemplo) que encontramos com frequência como acompanhamento do hooliganismo das claques futebolísticas. Quem percorra numa sexta-feira à noite o West End de Londres, só se for cego, não se dará conta de uma multidão de bêbados que urinam na rua contra as paredes dos prédios.

Os nossos parentes do reino animal exibem-se, pelo seu lado, com notável regularidade, como sabemos graças às observações científicas realizadas sobre babuínos, chimpanzés, gorilas e orangotangos[115]. O pavão macho é o exibicionista por excelência, com a sua cauda esplendorosamente fálica, destinada a atrair as fêmeas da espécie. Como alguns psiquiatras sugeriram já, o exibicionismo talvez faça parte dos nossos "automatismos inatos"[116].

Em todo o caso, como vimos, esta tendência natural no sentido da exibição pode tornar-se com frequência perversa, assumindo proporções ofensivas e delinquentes. Felizmente, um número crescente de psicanalistas que investigam teoricamente ou praticam a clínica tem vindo a desenvolver uma compreensão cada vez mais completa das causas e consequências do exibicionismo clínico, elaborando, consequentemente, modos de tratamento mais adequados do exibicionista no quadro da psicoterapia.

Devido aos perigos associados ao exibicionismo sob as suas formas clínicas e delinquentes, muitos de nós acabámos por nos tornar extremamente fóbicos e relutantes perante os benefícios potenciais de outras versões mais saudáveis e mais sublimadas do exibicionismo. São muitos os indivíduos, entre os quais se incluem profissionais de saúde mental experimentados, que sofrem daquilo que eu próprio vim a chamar *inibicionismo psicológico* – consistindo numa reacção assustada perante o exibicionismo, que faz com que a pessoa em causa se torne de facto profundamente inibida, adopte um perfil demasiado cinzento, ao mesmo tempo que evita perturbar o estado de coisas em vigor e se abstenha de procurar realizar fins e desejos saudáveis. O inibicionista psicológico sofre pelo facto de – ele ou ela – viver apenas uma *meia* vida, por sentir demasiado medo daquilo que os seus colegas, amigos e familiares possam pensar a seu respeito. Os terrores que sente levam o inibicionista a esconder-se sob a capa de uma modéstia exagerada e a viver num estado de claustrofobia perpétua[117].

O médico Martin Dysart, protagonista da clássica peça *Equus* de Peter Shaffer, pode ser considerado como um protótipo de inibicionista psicológico. Levada pela primeira vez à cena em 1973, a peça *Equus* refere-se, inequivocamente, à situação aflitiva de um rapaz extremamente perturbado, Alan Strang, que, num acesso de raiva, cega seis cavalos. O seu psiquiatra "normal", o Dr Dysart, jamais cometeria um acto psicopatológico comparável; e, no entanto, o Dr Dysart conhece um sofrimento terrível precisamente pelo facto de não ser capaz de libertar minimamente as suas paixões, e acaba por invejar a energia e a vitalidade – ainda que mal orientadas – do seu jovem paciente transtornado. Como sugeri há uns anos numa conferência, Dysart sofre daquilo a que acabei por chamar *anemia psíquica*, forma aparentada com a do inibicionismo psicológico, definindo uma situação em que o indivíduo se deixa esvaziar de paixão e energia vital ao ponto de tornar a sua "normalidade" quase patológica. É evidente que qualquer aceno de actuação exibicionista, ainda que saudável, sublimado ou criativo, será condenado pelo inibicionista psicológico patologicamente normal, que, falando com franqueza, não verá nisso mais do que qualquer coisa de extremamente vergonhoso.

O inibicionismo psicológico é acompanhado de perto por ataques dirigidos contra a criatividade. O célebre psicanalista vienense emigrado Heinz Kohut chamou a atenção para o perigo que representa para o indivíduo não honrar suficientemente as suas tendências exibicionistas criativas. Kohut sustentou a ideia de que "uma rédea demasiado curta imposta ao exibicionismo do artista tenderá a interferir com a sua produtividade"[118]. Analogamente, a psicanalista parisiense Joyce McDougall descreveu-nos um belo caso em que está em causa o mesmo tipo de dificuldade em matéria de expressão artística[119]. McDougall ocupou-se de uma paciente a que chama "Cristina" – escultora, que sofria de um medo aterrorizador de exibir publicamente as suas esculturas. Acreditava, de modo extremamente irracional, que, se o fizesse, a sua mãe morreria. Joyce McDougall ajudou "Cristina" a recordar que, quando tinha cinco anos de idade, os seus pais tinham estado fora por uma semana, deixando-a aos cuidados de uma empregada doméstica. Com a ansiedade suscitada nela pela separação que a afastava dos pais, "Cristina" defecou e guardou as fezes num armário, o que lhe valeu uma severa reprimenda da empregada. McDougall aventa a possibilidade de as fezes excretadas se terem tornado nas primeiras esculturas da paciente e de terem, na sua jovem mente, ficado associadas a uma grande vergonha, que passaria a afectar por transferência outras formas de exposição. Felizmente, depois de um tratamento psicanalítico bem sucedido, "Cristina" conseguiu elaborar as suas ansiedades relativas à exibição das suas produções artísticas, e mais tarde começaria a esculpir algumas obras de grandes dimensões muito aplaudidas.

Historicamente, impusemos uma censura punitiva ao exibicionista psicológico. Qualquer indivíduo que tenha conseguido notoriedade ou celebridade deste ou daquele tipo, em qualquer aspecto da vida, torna-se muitas vezes objecto de uma desvalorização terrível por parte daqueles que talvez preferissem ser eles próprios a ocupar a ribalta. Creio que adoptámos uma maneira de pensar demasiado limitada, imaginando assim que a arte de se ser visto, observado, notado, apreciado e assim por diante se referiria apenas à celebridade ou ao exibicionista. Mas o certo é que, numa sociedade afectivamente educada, seria necessário levar a sério cada uma de todas as pessoas, e que deveríamos proceder de maneira a dar a todas e a cada uma delas o espaço que lhe permitisse ter a sua arena.

Devemos sem dúvida contrariar razoavelmente os perigos em que nos faz incorrer um exibicionismo interpessoal detestável e, por maioria de razão, a sua ainda mais inquietante variedade clínica, mas ao mesmo tempo teremos de ser também capazes de superar o medo que nos impede de exibirmos o que há de melhor em nós próprios. Se, ao nível da comunidade, formos capazes de vencer as nossas inibições psíquicas e conseguirmos do mesmo modo gerir e elaborar a inveja primitiva que as competências e os talentos dos outros nos poderão fazer experimentar, imagine-se como seríamos capazes também de criar um mundo infinitamente mais rico para nós próprios e para os nossos filhos.

Notas

[1] Citado em Rooth, F.G., "Some Historical Notes on Indecent Exposure and Exhibitionism", *Medico-Legal Journal*, 1970, vol. 38, p. 139.

[2] *Ibid.*, p. 136.

[3] *Ibid.*, p. 139.

[4] *Ibid.*, p. 137.

[5] Lasègue, E.C., *L'Union Médicale*, 1877, vol. 23, pp. 709-714.

[6] Vandereycken, W. e Van Deth, R., "A Tribute to Lasègue's Description of Anorexia Nervosa (1873), with Completion of its English Translation", *British Journal of Psychiatry*, 1990, vol. 157, pp. 902-908.

[7] Cf. *ibid.* e Vandereycken, W. e Van Deth, R., "Who was the First to Describe Anorexia Nervosa: Gull or Lasègue?", *Psychological Medicine*, 1989, vol. 19, pp. 837-845.

[8] Caprio, F.S. e Brenner, D.R., *Sexual Behaviour: Psycho-Legal Aspects*, Nova Iorque, Citadel Press, 1961.

[9] Cf. Langevin, R. e Lang, R. A., "The Courtship Disorders", em Wilson, G.D. (org.), *Variant Sexuality: Research and Theory*, Beckenham, Kent, Croom Helm, 1987, pp. 202-228.

[10] American Psychiatric Association, *Diagnostic and Statiscal Manual of Mental Disorders, Fourth Edition*, Washington, D.C., American Psychiatric Association, 1994.

[11] Rooth, F.G., "Indecent Exposure and Exhibitionism", *British Journal of Hospital Medicine*, 1971, vol. 38, pp. 135-139.

[12] Ver Rosen, I., "Exhibitionism, Scopophilie and Voyeurism", in Rosen, I. (org.), *The Pathology and Treatment of Sexual Devia-*

tion: A Methodological Approach, Londres, Oxford University Press, 1964, pp. 293.350.

[13] Abel, G.G. e Rouleau, J.L., "The Natura and Extent of Sexual Assault", em Marshall, W.L., Laws, D.R. e Barbaree, H.E. (orgs.), *Handbook of Sexual Assault: Issues, Theories, and Treatment of the Offender*, Nova Iorque, Plenum Press, 1990, pp. 9-21.

[14] MacDonald, J.M., *Indecent Exposure*, Springfield, Illinois, Charles C. Thomas, 1973.

[15] Jones, I.H. e Frei, D., "Provoked Anxiety as a Treatment of Exhibitionism", *British Journal of Psychiatry*, 1977, vol. 131, pp. 295-300.

[16] Snaith, P., "Exhibitionism: A Clinical Conundrum", *British Journal of Psychiatry*, 1977, vol. 131, pp. 231-235.

[17] Rhoads, J.M. e Borjes, E.P., "The Incidence of Exhibitionism in Guatemala and the United States", *British Journal of Psychiatry*, 1981, vol. 139, pp. 242-244.

[18] Ver Cox, D.J., "Exhibitionism: An Overview", em Cox, D.J. e Daitzaman, R.J. (orgs.), *Exhibitionism: Description, Assessment, and Treatment*, Nova Iorque, Garland S.T.P.M. Press, 1980, pp. 3-10.

[19] Cox, D.J. e McMahon, B., "Incidents of Male Exhibitionism in the United States as Reported by Victimized Female College Students", *International Journal of Law and Psychiatry*, 1978, vol. 1, pp. 453-457.

[20] Blair, C.D. e Lanyon, R.L., "Exhibitionism: Etiology and Treatment", Psychological Bulletin, 1981, vol. 89, pp. 439-463.

[21] Lasègue (1877), *op. cit.*

[22] Snaith, P. e Collins, S.A., "Five Exhibitionists and a Method of Treatment", *British Journal of Psychiatry*, 1981, vol. 138, pp. 126-130.

[23] Caprio e Brenner (1961), *op. cit.*

[24] Myers, W. A., "The Course of Treatment of a Case of Photoexhibitionism in a Homosexual Male", em Socarides, C.W. e Volkan, V.D. (orgs.), *The Homosexualities and the Therapeutic Process*, Madison, Connecticut, International Universities Press, 1991, pp. 241-249.

[25] *Ibid.*, citação, p. 241.

[26] Christoffel, H., "Male Genital Exhibitionism", em Lorand, S. e Balint, M. (orgs.), *Perversions: Psychodynamics and Therapy*, Nova Iorque, Random House, 1956, pp. 243-264.

[27] Cordess, C., "Nuisance and Obscene Telephone Calls", em Bluglass, R. e Bowden, P. (orgs.), *Principles and Practice of Forensic Psychiatry*, Edimburgo, Churchill Livingstone, 1990, pp. 677-682.

[28] Abel, G. G. e Osborn, C., "The Paraphilias: The Extent and Nature of Sexuality Deviant and Criminal Behavior", *Psychiatric Clinics of North America*, 1992, vol. 15, pp. 675-687.

[29] Citado em Allen, C., *A Textbook of Psychosexual Disorders*, Londres, Oxford University Press, 1962, p. 149.

[30] Gittleson, N.L., Eacott, S.E. e Metha, B.M., "Victims of Indecent Exposure", *British Journal of Psychiatry*, 1978, vol. 132, pp. 61-66.

[31] Cox e McMahon (1978), *op. cit.*

[32] Abel e Rouleau (1990), *op. cit.*

[33] Arieff, A.J. e Rotman, D.B., "Psychaitric Inventory of One Hundred Cases of Indecent Exposure", *Archives of Psychiatry and Neurology*, 1942, vol. 47, pp. 495-496.

[34] Mohr, J.W., Turner, R.E. e Jerry, M.B., *Pedophilia and Exhibitionism: A Handbook*, Toronto, University of Toronto Press, 1964.

[35] Gürisik, Ü.E., "The Flasher", em Welldon, E.V. e Van Velsen, C. (orgs.), *A Practical Guide to Forensic Psychotherapy*, Londres, Jessica Kingsley Publishers, 1997, pp. 155-160.

[36] Cox, D.J. e Maletzky, B.M., "Victims of Exhibitionism", em Cox, D.J. e Daitzaman, R.J. (orgs.), 1980, *op. cit.*, pp. 289-293.

[37] Abse, L., comunicação pessoal ao autor, 24 de Outubro de 2000.

[38] Sugarman, P., Dumughn, C., Saad, K., Hinder, S. e Blugalass, R., "Dangerousness in Exhibitionists", *Journal of Forensic Psychiatry*, 1994, vol. 5, pp. 287-296.

[39] Masters, B., *The Shrine of Jeffrey Dahmer*, Londres, Hodder and Stoughton, 1993, p. 70.

[40] Allen (1962), *op. cit.*

[41] Flor-Henry, P. e Lang, R., *Annals of Sex Research*, 1988, vol. I, pp. 48-62.

[42] Ver Flor-Henry, P., "Cerebral Aspects of Sexual Deviation", em Wilson, G.D. (orgs.), *Variant Sexuality: Research and Theory*, Beckenham, Kent, Croom Helm, 1987, pp. 49-83.

[43] Jones, I.H. e Frei, D., "Exhibitionism: a Biological Hypothesis", *British Journal of Medical Psychology*, 1979, vol. 52, pp. 49--83.

[44] Bluglass, R., "Indecent Exposure in the West Midlands", em West, D.J. (org.), *Sex Offenders in the Criminal Justice System*, Cambridge, Cambridge University Press, 1980, pp. 171-180.

[45] Gelder, M., Gath, D. e Mayou, R., *Oxford Textbook of Psychiatry*, Oxford, Oxford University Press, 1983.

[46] Citado em Strozier, C.B., Entrevista com Eileen O'Shea, 10 de Dezembro de 1997, cf. Strozier, C.B., *Heinz Kohut: The Making of a Psychoanalist*, Nova Iorque, Farrar, Straus and Giroux, 2001, p. 324.

[47] Ver Título 28, Secção 28.567 dos *Michigan Statutes Annotated*, citado em Caprio e Brenner, 1961, *op. cit.*

[48] Allen, 1962, *op. cit.*

[49] Snaith e Collins, 1981, *op. cit.*

[50] Gayford, J.J., "Indecent Exposure: A Review of the Literature", *Medicine, Science and the Law*, 1981, vol. 21, pp. 233--242. Cordess, C., "Crime and Mental Disorder: I. Criminal Behaviour", em Chiswick, D. e Cope, R. (orgs.), *Seminars in Practical Forensic Psychiatry*, Londres, Gaskell, 1995, pp. 14-51.

[51] Bianchi, M.D., "Fluoxetine Treatment of Exhibitionism", *American Journal of Psychiatry*, 1990, vol. 147, pp. 1089-90. Maletzky, B.M., "Exhibitionism: Assessment and Treatment", em Laws, D.R. e O'Donohue, W. (orgs.), *Sexual Deviance: Theory, Assessment, and Treatment*, Nova Iorque, Guilford Press, 1997, pp. 40-74.

[52] Gayford, 1981, *op. cit.*

[53] Evans, D.R., "Electrical Aversion Therapy", em Cox, D.J. e Daitzaman, R.J. (orgs.), *Exhibitionism: Description, Assessment and Treatment*, Nova Iorque, Garland S.T.P.M.Press, 1980, pp. 85-122.

[54] Daitzaman, R.J. e Cox, D.J., "An Extended Case Report: The Nuts and Bolts of Treating an Exhibitionist", em Cox, D.J. e Daitzaman, R.J. (orgs.), *Exhibitionism: Description, Assessment, and Treatment*, Nova Iorque, Garland S.T.P.M. Press, 1980, pp. 253-285.

[55] Jones e Frei, 1977, *op. cit.*

[56] Stevenson, J. e Jones, I.H., "Behavior Therapy Technique for Exhibitionism: A Preliminary Report", *Archives General Psychiatry*, 1972, vol.27, pp. 839-841.

[57] Jones e Frei, 1977, *op.cit.*, p. 298.

[58] Wickramasekera, I., "Aversive Behavior Rehearsal: A Cognitive-Behavioral Procedure", em Cox, D.J. e Daitzman, R.J. (orgs.), *Exhibitionism: Description, Assessment, and Treatment*, Nova Iorque, Garlanda S.T.P.M. Press, 1980, pp. 123-149.

[59] *Ibid.*, p. 131.

[60] Jones e Frei, 1977, *op. cit.*

[61] Citado em Caprio e Brenner, 1961, *op. cit.*, p. 174.

[62] Citado em Caprio e Brenner, 1961, *op. cit.*, pp. 174-175.

[63] Christoffel, 1956, *op. cit.*

[64] Freud, S., *The Interpretation of Dreams*, 1900 a, em Freud, S., *The Standard Edition of the Complete Psychological Works of Sigmund Freud. Volume IV (1900). The Interpretation of Dreams (First Part)*, Strachey, J., Freud, A. e Tyson, A. (direcção editorial e tradução), Londres, Hogarth Press/The Institute of Psycho-Analysis, 1953, pp. xxiii-338. Freud, S., *The Interpretation of Dreams*, 1900 b, em Freud, S., *The Standard Edition of the Complete Psychological Works of Sigmund Freud. Volume V (1900-1901). The Interpretation of Dreams (Second Part) and On Dreams*, Strachey, J., Freud, A. e Tyson, A. (direcção editorial e tradução), Londres, Hogarth Press/The Institute of Psycho-Analysis, 1953, pp. 339-625.

[65] Freud, 1900 a, *op. cit.*, p. 244.

[66] Freud, S., *Three Essays on the Theory of Sexuality*, 1905, em Freud, S. *The Standard Edition of the Complete Psychological Works of Sigmund Freud. Volume VII (1901-1905). A Case of Hysteria, Three Essays on Sexuality and Other Works*, Strachey, J., Freud, A., Strachey, A. e Tyson, A. (direcção editorial e tradução), Londres, Hogarth Press/The Institute of Psycho-Analysis, 1953, pp. 130-243.

[67] *Ibid.*, p. 165.

[68] Freud, S., "Draft H: Paranoia", 1895, pp. 206-212, em Freud, S., Extracts from the Fliess Papers, em Freud, S., *The Standard Edition of the Complete Psychological Works of Sigmund Freud. Volume I (1886-1899). Pre-Psycho-Analytical Publications and Unpublished Drafts*, Strachey, J., Freud, A., Strachey, A. e Tyson, A. (direcção editorial e tradução), Londres, Hogarth Press/The Institute of Psycho-analysis, 1966, pp. 177-280.

[69] Freud, S., "Medusa's Head", 1922, em Freud, S., *The Standard Edition of the Complete Psychological Works of Sigmund Freud:*

Volume XVIII (1920-1922). Beyond the Pleasure Principle, Group Psychology and Other Works, Strachey, J., Freud, A., Strachey, A. e Tyson, A.(direcção editorial e tradução), Londres, Hogarth Press/ The Institute of Psycho-Analysis, 1955, pp. 273-274.

[70] Stekel, W., "Zur Psychologie des Exhibitionismus", *Zentralblatt für Psychoanalyse*, 1911, vol. 1, pp. 494-495.

[71] Cf. Freud, S., Nota de rodapé, p. 495, em Stekel, W., "Zur Psychologie des Exhibitionismus", *Zentralblatt für Psychoanalyse*, 1911, vol. 1, pp. 494-495.

[72] Abraham, K., "Restrictions and Transformations of Scopophilia in Psyco-Neurotics; with Remarks on Analogous Phenomena in Folk Psychology", 1913, em Abraham, K., *Selected Papers of Karl Abraham M.D.*, Bryan, D. e Strachey, A. (tradução), Londres, Hogarth Press/The Institute of Psycho-Analysis, 1927, p. 169.

[73] Abraham, K., "Ejaculatio Praecox", 1917, em Abraham, K., 1927, *op. cit.*, pp. 280-298.

[74] Citado em Freud, S., 1900, *op. cit.*, p. 216.

[75] Ferenczi, S., "Spektrophobie", *Internationale Zeitschrift für Psychoanalyse*, 1915, vol. 3, p. 293.

[76] Ferenczi, S., "Die Nacktheit als Schreckmittel", *Internationale Zeitschrift für Psychoanalyse*, 1919, vol. 5, pp. 303-305.

[77] Hárnik, J., "The Various Developments Undergone by Narcissism in Men and Women", *International Journal of Psycho-Analysis*, 1924, vol. 5, pp. 66-83.

[78] Lorand, S., "The Psychology of Nudism", *Psychoanalytic Review*, 1933, vol. 20, pp. 197-207.

[79] Rosen, 1964, *op. cit.*, p. 299.

[80] Freud, A., "Diagnosis and Assessment of Childhood Disturbances", *Journal of the Philadelphia Association of Psychoanalysis*, 1974, vol. 1, pp. 54-67.

[81] Sterne, L., *The Life and Opinions of Tristram Shandy, Gentleman*, 9 vols., Londres, 1767.

[82] Christoffel, H., "Exhibitionism and Exhibitionists", *International Journal of Psycho-Analysis*, 1936, vol. 17, pp. 321-345. Christoffel, 1956, *op. cit.*

[83] Fenichel, O., *The Psychoanalytical Theory of Neurosis*, Nova Iorque, W.W. Norton and Company, 1945.

[85] Winnicott, D.W., "This Feminism", 1964, em Winnicott, D.W., *Home is Where We Start From: Essays by a Psychoanalist*, Winnicott, C., Shepherd, R. e Davis, M. (orgs.), Harmondsworth, Middlesex, Penguin Books, 1986, p. 186. Cf. Winnicott, D.W., "The Concept of a Healthy Individual", em Sutherland, J.D. (orgs.), *Towards Community Mental Health*, Londres, Tavistock Publications, 1971, pp. 1-15.

[86] Glasser, M., "The Role of the Superego in Exhibitionism", *International Journal of Psychoanalytic Psychotherapy*, 1979, vol. 7, pp. 333-353.

[87] Lucas, C., "Exhibitionism", *British Journal of Psychotherapy*, 1990, vol. 7, pp. 15-24.

[88] *Ibid.*, p. 23.

[89] Ver Socarides, C.W., "The Demonified Mother: A Study of Voyeurism and Sexual Sadism", *International Review of Psycho-Analysis*, 1974, vol. 1, pp. 187-195.

[90] Cf. Socarides, C., "D.W. Winnicott and the Understanding of Sexual Perversions", em Kahr, B. (org.), *Forensic Psychotherapy and Psychopathology: Winnicottian Perspectives*, Londres, Karnac Books, 2001, pp. 95-109.

[91] Caprio, F.S., "A Case of Exhibitionism with Special Reference to the Family Setting", *American Journal of Psychotherapy*, 1948, vol. 2, pp. 587-602.

[92] Cf. Caprio e Brenner, 1961, *op. cit.*

[93] Caprio, 1948, *op. cit.*, p. 591.

[94] Stoller, R.J., "Centerfold: An Essay on Excitement", *Archives of General Psychiatry*, 1979, vol. 36, pp. 1019-1024.

[95] Lucas, 1990, *op. cit.*

[96] Cf. Christoffel, 1936, *op. cit.*, Fenichel, 1945, *op. cit.*

[97] Stoller, R.J., *Perversion: The Erotic Form of Hatred*, Nova Iorque, Pantheon Bokks, 1975. Stoller, R.J., *Observing the Erotic Imagination*, New Haven, Connecticut, Yale University Press, 1985.

[98] Allen, 1962, *op. cit.*

[99] Lucas, 1990, *op. cit.*

[100] Myers, 1991, *op. cit.*

[101] Rosen, 1964, op. cit., p. 293.

[102] Fenichel, 1945, *op. cit.*

[103] Zavitzianos, G., "Fetishism and Exhibitionism in the Female and their Relationship to Psycopathy and Kleptomania", *International Journal of Psycho-Analysis*, 1971, vol. 52, pp. 297-305.

[104] Cf. Welldon, E.V., "Contrasts in Male and Female Sexual Perversions", em Cordess, C. e Cox, M. (orgs.), *Forensic Psychotherapy: Crime, Psychodynamics and the Offender Patient. Volume II: Mainly Practice*, Londres, Jessica Kingsley Publishers, 1996, pp. 273-289.

[105] *Ibid.*, citação, p. 96.

[106] *Ibid.*, p. 97.

[107] Vickers, H., *Alice: Princess Andrew of Greece*, Londres, Hamish Hamilton, 2000.

[108] Stoller, 1985, *op. cit.* Pfäfflin, F., "The Out-Patient Treatment of the Sex Offender", em Cordess, C. e Cox, M. (orgs.), *Forensic Psychotherapy: Crime, Psychodynamics and the Offender Patient. Volume II: Mainly Practice*, Londres, Jessica Kingsley Publishers, 1996, pp. 261-271.

[109] Shapiro, D., *Dynamics of Character: Self-Regulation in Psychopathology*, Nova Iorque, Basic Books, 2000, p. 61.

[110] Murphy, W.D., "Exhibitionism: Psychopathology and Theory", em Laws, D.R. e O'Donohue, W. (orgs.), *Sexual Deviance: Theory, Assessment, and Treatment*, Nova Iorque, Guilford Press, 1997, pp. 22-39.

[111] Ver Warren, M.P., *Behaviorial Management Guide: Essential Treatment Strategies for Adult Psychotherapy*, Northvale, New Jersey, Jason Aronson, 2001.

[112] Por exemplo, Rosen, 1964, *op. cit*. Socarides, C.W., *The Preoedipal Origin and Psychoanalytic Therapy of Sexual Perversions*, Madison, Connecticut, International Universities Press, 1988.

[113] Gürisik, 1997, *op. cit*.

[114] Gansberg, A.L., Wallace, I., Wallace, A., Wallechinsky, D. e Wallace, S., "In Like Flynn: Errol Flynn (June 20, 1909-Oct 14, 1959)", em Wallace, I., Wallace, A. Wallechinsky, D. e Wallace, S. (orgs.), *The Intimate Sex Lives of Famous People*, Nova Iorque, Delacorte Press, 1981, pp. 17-19.

[115] Maletzky, 1997, *op. cit*.

[116] Jones e Frei, 1979, *op. cit*.

[117] Meltzer, D., *The Claustrum: An Investigation of Claustrophobic Phenomena*, Oxford, Clunie Press, 1992. Kahr, B., "Winnicott's Recipe for the Good Life: Healthy Loving, Healthy Working and Healthy Playing. The Madeleine Davis Memorial Lecture", The Squiggle Foundation, Londres, 15 de Maio de 1999.

[118] Kohut, H., *The Analysis of the Self: A Systematic Approach to the Psychoanalytic Treatment of Narcissistic Personality Disorders*, Nova Iorque, International Universities Press, 1971, p. 309.

[119] McDougall, J., "Creativity and Sexuality", em Richards, A.K. e Richards, A.D. (orgs.), *The Spectrum of Psychoanalysis: Essays in Honor of Martin S. Bergmann*, Madison, Connecticut, International Universities Press, 1994, pp. 373-390.

Agradecimentos

Desejo expressar os meus calorosos agradecimentos a Ivan Ward, o director desta colecção, por me ter amavelmente convidado a contribuir com este volume para a sua excelente série de títulos, e por ter tido a cortesia de me proporcionar múltiplas sugestões em matéria de edição do texto. Gostaria também de transmitir o meu apreço a toda a equipa da Icon Books pela diligência que pôs na produção da versão final do meu texto – sobretudo a Jeremy Cox, Andrew Furlow, Duncan Heath e Jennifer Rigby, bem como a Alison Foskett pela sua cuidadosa revisão do manuscrito. Agradeço também aos admiráveis bibliotecários da Tate Library do Regent's College e da Tavistock Clinic Library do Tavistock Centre, que durante anos me concederam um apoio bibliográfico incansável. Gostaria ainda de manifestar a minha gratidão à direcção da biblioteca do Anna Freud Centre, em Londres.

Dedico este livro a Estela Welldon, consultora psiquiátrica superior do departamento de psicoterapia da Portman Clinic de Londres, e presidente honorária vitalícia da Associação Internacional de Psicoterapia

Forense. E na sua qualidade de minha muito estimada e cara mestra de psicoterapia forense, agradeço-lhe o exemplo verdadeiramente inspirador e generoso que me deu ao ocupar-se com uma compaixão singular do tratamento dos seus pacientes desviantes.

Índice

Introdução: Um passeio de barco num dia de Verão	5
A psicopatologia do exibicionismo	11
As obras de Ernest Charles Lasègue e de Richard von Krafft-Ebing	17
Considerações diagnósticas	21
A psicopatologia descritiva do exibicionismo	25
Variações obscuras	31
As vítimas de actos exibicionistas	35
Uma perspectiva psiquiátrica forense	39
Especulações etiológicas	43
Tratamentos farmacológicos e comportamentais	47
A psicanálise do exibicionismo	53
Teorias contemporâneas do insucesso no desenvolvimento	67
Exibicionismo clínico nas mulheres	73
Tratamento psicoterapêutico	77
Conclusões	81
Notas	89